LES
FAMILLES ET LOCALITÉS
DU NOM DE
MANDRE
OU MANDRES

DOCUMENTS RECUEILLIS

PAR

René de MANDRE

MEMBRE DE LA SOCIÉTÉ D'ARCHÉOLOGIE LORRAINE, ETC.

LA CHAPELLE-MONTLIGEON (Orne)
IMPRIMERIE-LIBRAIRIE DE MONTLIGEON

1904

LES
FAMILLES ET LOCALITÉS DU NOM DE MANDRE

LES
FAMILLES ET LOCALITÉS
DU NOM DE
MANDRE
OU MANDRES

DOCUMENTS RECUEILLIS

PAR

René de MANDRE

MEMBRE DE LA SOCIÉTÉ D'ARCHÉOLOGIE LORRAINE, ETC.

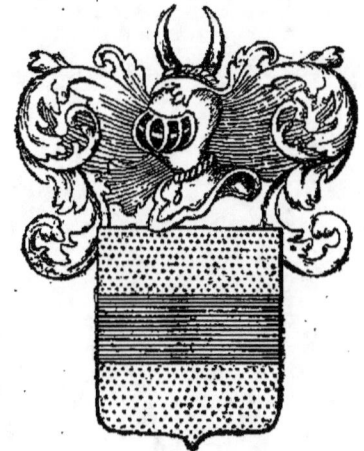

LA CHAPELLE-MONTLIGEON (Orne)
IMPRIMERIE-LIBRAIRIE DE MONTLIGEON
—
1904

INTRODUCTION

Mandre, en latin *Mandra*, signifie « demeure, maison, habitation », et dérive du verbe *manere*, rester.

Mandra a été employé, surtout par les écrivains ecclésiastiques de l'Église d'Orient, pour désigner un monastère, un couvent, une caverne, le creux d'un rocher où se tient un ermite (en latin *mandrita*), et même l'antre d'une bête sauvage (1).

Mandres, au pluriel, *Mandræ*, veut dire, par suite, un groupe d'habitations.

Le mot Mandre ou Mandres a servi de dénomination à douze localités de France que nous passerons en revue dans le premier chapitre.

Ce nom a en outre été pris, à des époques diverses, par cinq familles différentes.

L'une d'elles, qui tint la seigneurie de Mandres-sur-Vair, du XIIe au XIVe siècle, en portait déjà le nom en 1180 et le conserva comme seul nom patro-

---

(1) *Dictionnaire de Trévoux*, v° *Mandre*.

nymique d'abord sous la forme de « de Mandres », puis sous celle de « de Mandre », à partir du xvi° siècle.

Nous consacrerons le deuxième chapitre à cette famille qui figure parmi les maisons de l'ancienne chevalerie de Lorraine et que l'on peut appeler la maison de Mandre proprement dite.

Dans le troisième chapitre nous donnerons des notices sur les quatre autres familles qui ont ajouté ou substitué à leur nom celui de « de Mandres (1) », et nous citerons enfin quelques personnages qui ont été mentionnés sous ce même nom, mais dont nous n'avons pas pu établir la parenté avec ces familles.

Deux de ces quatre familles ont été confondues par plusieurs auteurs, soit entre elles, soit avec la maison de Mandre proprement dite ; ce sont :

1° La maison de Tremblecourt-Noviant, dont une branche qui possédait la seigneurie de Mandres-aux-quatre-tours en prit le nom au xiv° siècle ;

(1) On sait que primitivement les personnes étaient seulement désignées par des prénoms et des surnoms ; ces surnoms sont devenus plus tard des noms, mais n'ont commencé d'une façon générale à se transmettre régulièrement dans les familles qu'au xvi° siècle. Pour les gentilshommes, le surnom était le nom de leur principale seigneurie, mais comme ils étaient naturellement fiers de porter le nom que leurs ancêtres avaient illustré, ils gardèrent volontiers ce nom même lorsqu'ils n'avaient plus cette seigneurie ; c'est pourquoi les noms patronymiques ont existé beaucoup plus tôt dans les familles nobles que dans les autres, et même vraisemblablement d'autant plus tôt qu'elles étaient plus nobles. Cependant, il est impossible d'établir avec certitude les filiations des maisons même les plus illustres avant le xiii° siècle.

2° La maison de Deneuvre, dont un membre, Jean, châtelain-receveur de Mandres-aux-quatre-tours au xve siècle, fut connu sous le nom de « de Mandres » qu'il transmit à ses enfants.

Des confusions entre ces maisons et entre ces localités peu éloignées les unes des autres et portant le même nom, étaient évidemment faciles. Mentionnons notamment celle que fit Husson l'Escossois (1). Il attribue « Mandres près Chastillon en la prévôté d'Estain » pour origine à trois générations qu'il cite d'une famille de Mandres établie dans la seigneurie de Rouvres, près Étain; cela était très vraisemblable, mais malheureusement faux, car ces de Mandres étaient de la maison de Tremblecourt-Noviant et prenaient nom de la seigneurie de Mandres-aux-quatre-tours qu'ils avaient échangée contre celle de Rouvres. Quant aux armoiries, il leur donne « *D'azur à la croix d'or cantonnée de vingt billettes de même,* autres disent (ajoute-t-il) que c'est la maison de Mandres portant *D'or à la bande d'azur accompagnée de sept billettes de même* ». Or, comme on le verra plus loin, les premières armoiries sont celles de Jean de Deneuvre dit de Mandres, et les secondes celles d'une branche de la maison de Mandre proprement dite.

Nous avons donc trouvé intéressant d'étudier,

---

(1) *Simple crayon de la noblesse des duchés de Lorraine et de Bar.*

pour les distinguer les unes des autres, les diverses familles et localités qui ont porté le nom de Mandres et de publier les documents que nous avons recueillis çà et là sur chacune d'elles (1).

Notre tâche a été bien facilitée par les publications très documentées de M. Henri Lefebvre dans les *Mémoires* et dans le *Journal de la Société d'Archéologie lorraine*, et surtout par ses *Recherches sur les familles de Lorraine qui ont porté le nom de Mandres* (2), où notamment il rectifie l'erreur d'Husson l'Escossois. C'est pourquoi nous aurons souvent à citer ses travaux dans le cours de cette brochure, et nous le remercions vivement d'avoir ainsi posé les jalons de notre ouvrage.

---

(1) Nous avons déjà écrit deux articles sur ce sujet dans le *Journal de la Société d'Archéologie lorraine*, numéros de septembre-octobre 1899 et de février 1900.

(2) Numéros du *Journal* de janvier et de septembre-octobre 1897.

ABRÉVIATIONS

de quelques Sources et Ouvrages cités.

Arch. M.-et-M., lay. — Archives de Meurthe-et-Moselle à Nancy, layette.

B. N. ms., Cab. d'Hozier. — Bibliothèque nationale à Paris, section des manuscrits, Cabinet de d'Hozier, volume 28, v° *Baron (le)*, folio 640, qui contient la « généalogie de la Maison de Mandres par tiltres ».

B. N. ms., D. Villevieille. — Bibl. nat. manuscrits français, vol. n° 34938, f. 116, « Trésor généalogique de Dom Villevieille ».

De La Chesnaye, *Dict. nob.* — De La Chesnaye-Desbois, *Dictionnaire de la Noblesse.*

De Loisy, *Saint-Georges.* — De Loisy (Pierre), *État de l'illustre confrérie de Saint-Georges.*

De Saint-Allais, *Nob. univ.* — De Saint-Allais, *Nobiliaire universel de France.*

Dunod, *Nob. Bourg.* — Dunod de Charnage, *Nobiliaire du Comté de Bourgogne.*

État-civil Paris-XVII°. — Registres des actes d'état-civil de Paris XVII° arrondissement.

Hist. Jonvelle. — *Histoire de la seigneurie de Jonvelle*, par les Abbés Coudriet et Chatelet (Jacquin à Besançon, 1864).

Husson, *Simple crayon.* — Husson l'Escossois (Mathieu), *Simple crayon de la noblesse des duchés de Lorraine et de Bar.*

Lefebvre, *Marq. Noviant.* — Lefebvre (Henri), *Le Mar-*

quisat de Noviant-aux-Prés et ses origines (Sidot frères, à Nancy, 1895).

LEFEBVRE, *Rech. fam. de M.* — LEFEBVRE (HENRI), *Recherches sur les familles de Lorraine qui ont porté le nom de Mandres.* (Extrait du *Journal de la Société d'Archéologie lorraine*, numéro de janvier 1897, Crépin-Leblond, à Nancy.)

MARCHAL, *Souv. Bassigny.* — MARCHAL (J.), *Souvenirs du Bassigny, fragments détachés de l'histoire de La Mothe* (Rallet-Bideaud, à Langres, 1889).

Rech. nob. Champ. — *Procez verbal de la noblesse de Champagne fait par M. de Caumartin* (Flamant-Ansiaux, à Vouziers, 1852).

Reg. par. Juzennecourt, greffe Chaumont. — Registres paroissiaux d'état-civil de Juzennecourt déposés au greffe du tribunal de Chaumont.

LES
FAMILLES ET LOCALITÉS DU NOM DE MANDRE

CHAPITRE PREMIER

LOCALITÉS DU NOM DE MANDRE OU MANDRES

I. Mandre, bourg de la commune de Marsac, canton de Lavit, arrondissement de Castelsarrasin (Tarn-et-Garonne).

Population : 11 habitants en 1889.

II. Mandre-la-petite, bourg du canton de Boncourt, arrondissement de Commercy (Meuse).

Population : 30 habitants en 1889, et 52 en 1897.

C'était autrefois un village de Lorraine, dépendant du bailliage de Saint-Mihiel, qui possédait une chapelle « Sainte-Catherine » fondée par les seigneurs et érigée au titre de bénéfice. L'un de ces seigneurs était François de Brône, seigneur de Boncourt, de Mandre et de Saint-Julian, qui épousa, en 1650, Anne Le Bouteillier de Senlis (1).

---

(1) P. Anselme, *Histoire généalogique et chronologique de France.* V° Le Bouteillier de Senlis.

III. MANDRE, aujourd'hui MANDRES, commune du canton de Montiers-sur-Saulx, arrondissement de Bar-le-Duc (Meuse).

Population : 407 habitants en 1889, 329 en 1897 et 315 en 1903.

Mandre, autrefois village de Champagne, élection de Joinville, comptait 66 feux en 1735 (1).

Les de Choiseul, seigneurs de Beaupré, avaient une partie de la seigneurie de Mandre, et l'autre était au seigneur de Richecourt.

L'Ormançon, affluent de l'Ornain, qui prend sa source à deux kilomètres de Mandre et traverse cette commune, s'appelait autrefois « la Mandre » ou « la rivière de Mandre ».

IV. MANDRE ou MANDRES-SOUS-CHATILLON, bourg de la commune de Châtillon-sous-les-Côtes, canton d'Étain, arrondissement de Verdun (Meuse).

Population : 26 habitants en 1889.

C'était autrefois un hameau haute justice du bailliage d'Étain, en Barrois, avec une maison seigneuriale, des jardins et un canal.

Moulin-Gillon, cense évêchoise, relevait de la haute justice de Mandre.

Didier Payerel, seigneur de Mandres, y fit bâtir une tour ; son fils la vendit à Jean de Mercy, duquel elle passa à son neveu Christophe de Mercy, qualifié sieur de Friaville et de Mandres (2).

En 1771, Joseph-Nicolas Emond, comte de Custine, seigneur de Mandres et Châtillon, fit son dénombre-

---

(1) *Rech. nob. Champagne.*
(2) HUSSON, *Simple crayon.*

ment pour ce qu'il tenait de sa femme, Suzanne de Rutant (1).

Il ne subsiste plus que des traces de l'ancien château qui fut entièrement rasé.

V. Mandre, aujourd'hui Mandres, ferme dépendant de Sexfontaines, canton de Juzennecourt, arrondissement de Chaumont (Haute-Marne).

De 1774 à 1783, Jacques puis Joseph Blanchard en étaient fermiers et y demeuraient (2).

Elle appartint aux de Béthune-Sully jusqu'à la Révolution, pendant laquelle elle fut confisquée et vendue comme biens d'émigrés, puis devint la propriété de la famille Doré, et passa ensuite à M. Charpilière, qui la possède actuellement.

VI. Mandres ou Mandre, commune du canton de Boissy-Saint-Léger, arrondissement de Corbeil (Seine-et-Oise).

Population : 767 habitants en 1889, 838 en 1901 et 878 en 1903.

Mandre, près Corbeil en la Brie, avait anciennement pour seigneurs les « de Meurs ». La paroisse et le village appartenaient en partie aux Chartreux de Paris et en partie au sieur de Meurs (3).

François de Thomassin était, avant 1721, seigneur de Perrigny, Mendre et autres lieux; sa veuve, Hélène de Corberon, est en effet citée comme marraine d'une cloche de l'église de Perrigny dans l'inscription datée de 1721 qui y figure.

(1) Arch. Meuse, B. $\frac{7}{45}$.
(2) Reg. par. greffe Chaumont, Sexfontaines : 1774, 1776, 1777, et 1783.
(3) B. N. ms., *Rôles d'impositions, amendes*, etc.

VII. Mandres, *alias* Mandre, qui devint Ravenel, près Mirecourt (Vosges).

La terre et seigneurie de Mandres était au xii° siècle un alleu possédé par Hugues de Mirecourt qui en fit don à l'abbaye de Chaumousey en 1180 (1). Après avoir appartenu aux Prémontrés de Parey-sous-Montfort, elle passa entre les mains des « d'Haraucourt », puis, en 1684, devint la propriété de Jean-Baptiste, comte de Ravenel. A la mort de ce dernier, en 1695, son fils, Baltazard, comte de Ravenel, devint seigneur de Mandres. Il y fit construire un fort beau château avec une chapelle.

Le duc Léopold Ier de Lorraine et de Bar érigea au titre de comté, en faveur de Baltazard, comte de Ravenel (son chambellan), la terre et seigneurie de Mandres, en la réunissant à celles du Joly, de Boulac à Bazoilles, et de Savigny à Etrennes, pour former un seul corps de fief indivisible sous la dénomination de comté de Ravenel (2). Ces lettres patentes du 30 décembre 1722, enregistrées le 12 avril 1723, *suppriment le nom de Mandres et lui substituent celui de Ravenel qui sera le chef-lieu du comté et lui donnent pour armes celles du comte de Ravenel qui sont : De gueules à six croissants d'or mis en pal, chacun surmonté d'une étoile de même et une en pointe.*

Le nouveau comté de Ravenel passa, par héritages successifs, en 1758 à Léopold, comte du Han, puis, en 1771, à son frère, François du Han, et enfin, en 1774, à Claude-Antoine-Clériadus, marquis de Choiseul, qui

---

(1) *Les Comtes de Ravenel à Mandres et au Joly près Mirecourt*, par Ch. Guyot, dans les *Mémoires de la Société d'Archéologie lorraine*, année 1899.

(2) Voir aussi : De La Chesnaye, *Dict. nob.*, v° *Mandre*.

fut condamné à mort par le tribunal révolutionnaire. Le comté de Ravenel fut alors confisqué, démembré et tellement morcelé qu'il n'en reste plus que le château de Ravenel.

VIII. Mandres, commune du canton de Verneuil, arrondissement d'Évreux (Eure).

Population : 287 habitants en 1889, 247 en 1901 et 226 en 1903.

Autrefois village de Normandie, Mandres, cité dès 1134, avait à cette époque pour seigneur Gilbert des Essarts.

En 1521, c'était le connétable de Montmorency, puis son fils Charles de Montmorency.

Ce fief passa ensuite aux vicaires et chapelains de la cathédrale d'Évreux qui le possédaient encore en 1680.

Mathieu Le Cornu en était seigneur en 1720 ; ensuite, ce fut la famille Chambon de Trousseauville.

C'est de Mandres que dépendaient Le Boulay, La Bertrannière, La Lande, La Patinière, La Taillerie et Trun qui sont aujourd'hui des hameaux. Il ne subsiste plus des anciens châteaux que des traces à La Lande et à La Taillerie (1).

IX. Mandres, hameau de la commune de Billancelles, canton de Courville, arrondissement de Chartres (Eure-et-Loir).

X. Mandres-aux-quatre-tours, commune du canton de Domèvre-en-Haye, arrondissement de Toul (Meurthe-et-Moselle).

---

(1) Ces renseignements sont dus à l'obligeance de M. Rosse, maire de Mandres.

Population : 400 habitants en 1889 et 333 en 1903.

Cette seigneurie, primitivement appelée Mandres-en-Woivre, est mentionnée dès 1049, époque à laquelle le pape Léon IX donna le patronage de sa cure à l'abbaye de Saint-Maur. A partir du milieu du xiii° siècle, elle appartenait en fief à la maison de Tremblecourt-Noviant, qui la conserva jusqu'en 1339. Nous trouvons en effet un chevalier de cette maison cité dès 1240 et nommé Renaud de Mandres, en 1278 et 1288. Celui-ci n'ayant pas de postérité, Mandres passa à son neveu Renaud de Noviant, qui reconnaît avec ses frères, en mars 1300, la tenir en fief de Gobert d'Aspremont. C'est à cette époque que fut construit le château fort à quatre tours, d'où cette terre prit la désignation de Mandres-aux-quatre-tours (1).

En 1335, on trouve les lettres de reprise de Mathieu de Noviant, sire de Mandres, pour cette seigneurie qu'il tient en fief et hommage lige de Joffroy d'Aspremont. En 1339, ce même Mathieu échange à Jean d'Aspremont sa part de la seigneurie de Mandres contre la seigneurie de Rouvres, près Étain (2). Jean d'Aspremont en donne aussitôt le dénombrement à son frère Joffroy comme la tenant de lui en fief, et, en 1341, fait hommage à Henri, comte de Bar, pour sa forte maison de Mandres.

En 1350, Mandres a pour seigneur Ferry de Ludres, auquel Jean d'Aspremont l'a engagée, jusqu'en 1356, où la comtesse de Bar prête à Jean d'Aspremont la

---

(1) LEFEBVRE, *Marq. Noviant*. — Voir aussi : B. N. ms., D. VILLE-VIEILLE, et *Collection de Lorraine*, vol. 21, fol. 29 à 58.

(2) Mathieu continua à porter le nom de « de Mandres », quoiqu'il ne possédât plus la seigneurie. Voir la notice « de Tremblecourt-Noviant-Mandres ».

somme nécessaire pour rembourser Ferry de Ludres.

En 1360, Jean d'Aspremont reconnaît Mandres rendable à Adémar, évêque de Metz.

En 1397, Henri de Blâmont tient cette forteresse en fief de Robert de Bar ; en 1438, c'est Louis de Blâmont qui la défend contre les troupes de Baudoin de Fléville, abbé de Gorge. En 1499, Olry de Blâmont, évêque de Toul, oncle de Louis, en hérite et en fait cession à René II, duc de Lorraine, tout en s'en réservant l'usufruit.

Ces sires de Blâmont avaient mis comme châtelain-receveur à Mandres-aux-quatre-tours Gérard de Deneuvre, qui leur délivra quittance générale en 1450. Jean, fils de ce Gérard de Deneuvre, succéda à son père comme receveur de la seigneurie et en prit le nom. On le trouve en effet ordinairement appelé Jean de Mandres, seigneur de Fontenoy. Il fonda la chapelle « Sainte-Croix » à Mandres en 1443 (1).

Parmi les autres châtelains-receveurs de Mandres, citons (2) :

Bernard de Saint-Vincent, de 1539 à 1568 ;
Jean Drouot, de 1607 à 1615, et en 1623 ;
Thomas Durand, en 1616 ;
Jean Lecomte, en 1618 et 1619 ;
Jean Bertin, de 1665 à 1668.

En 1560, Claude-Antoine, sire de Bassompierre, baron d'Harouel, bailli de l'évêché de Metz, est qualifié seigneur de Mandres (3).

---

(1) Voir la notice « de Deneuvre de Mandres ».
(2) B. N. ms., *Archives locales*, Rendements de comptes, v° *Mandres-aux-quatre-tours*.
(3) P. ANSELME, *Histoire généalogique et chronologique de France*, v° *Bassompierre*.

En 1610, Louis de Guise, baron d'Ancerville, reçoit cette seigneurie du duc Henri.

En 1633, François de Mauljean, colonel de cavalerie pour le duc Charles IV, défend Mandres et ne se rend qu'après plusieurs jours de siège faute de munitions, obtenant une capitulation honorable du général français.

En 1680, elle est réunie à l'évêché de Metz.

Avant l'édit de juin 1751, la prévôté de Mandres faisait partie du bailliage de Pont-à-Mousson.

En 1703, Léopold Ier, duc de Lorraine et de Bar, l'érige en fief en faveur de Georges Gelée du Chesnois.

Ce fief passe par vente du 3 décembre 1711 au baron de Parisot de Bernécourt qui le vend à son tour, le 27 mai 1763, à Gabriel de Bourgogne. Les quatre tours du château furent démolies au commencement du XVIIIe siècle par ordre du duc de Guise, mais une maison à quatre tours aussi a remplacé le château et a appartenu jusqu'en 1875 à la famille de Bourgogne.

Les armes de Mandres-aux-quatre-tours sont : *D'azur à deux barbeaux adossés d'or, accompagnés de quatre croix recroisettées au pied fiché d'or et cantonnés de quatre tours d'argent maçonnées de sable.*

XI. MANDRES-LES-NOGENT, commune du canton de Nogent-en-Bassigny, arrondissement de Chaumont (Haute-Marne).

Population : 615 habitants en 1889, 555 en 1901, et 541 en 1903.

C'était autrefois un village de Champagne, élection de Langres, qui comptait 43 feux en 1735 (1).

Bien que l'on ne trouve dans cette localité aucune

---

(1) *Rech. nob. Champagne.*

trace d'anciens seigneurs, nous pensons que c'est de ce Mandres que se qualifiaient :

1° Jean de Fleury, seigneur de Donnemarie, du Fay et de Mandres, vivant en 1632 et mort en 1646 ; et 2° Gabriel de Fleury, seigneur du Fay et de Mandres, né en 1616 et mort le 15 septembre 1682 à Nogent-le-Roi ; tous deux fils de François de Fleury, seigneur de Donnemarie et de Sorcey, et de Claude Maillard, fille de noble Jean Maillard, prévôt de Nogent-le-Roi (1).

XII. Mandres-sur-Vair, commune du canton de Bulgnéville, arrondissement de Neufchâteau (Vosges).

Population : 132 habitants en 1710, 523 en 1804, 539 en 1830, 527 habitants en 1847, 335 en 1897, et 304 en 1903.

Mandres-sur-Vair, anciennement *Mandres-aux-deux-tours,* ou *Mandres-aux-trois-tours,* village haute justice des duchés de Lorraine et de Bar, dépendait à la fois du bailliage des Vosges et de celui du Bassigny. Aussi y avait-il deux châteaux, un dans chaque province.

Cette terre est citée en 1179 dans une bulle du pape Alexandre III, confirmative des biens du prieuré de Châtenois, et en 1204 dans un privilège du duc Simon en faveur du même prieuré (2). Ce privilège cite les chevaliers Baudoin, Thierry et Mathieu de Mandres, et mentionne que Mathieu de Mandres a donné au dit prieuré un quartier de terre, près Gironcourt (3), pour le repos de l'âme de son fils Wiart.

(1) D'Hozier, *Armorial,* v° *de Fleury.* — Donnemarie, canton de Nogent-le-Roi, élection de Langres et arr. de Chaumont.
(2) D. Calmet, *Histoire de Lorraine,* t. VI, Preuves, col. 38 et 74 à 76. — Châtenois, chef-lieu de canton, arr. de Neufchâteau.
(3) Gironcourt, canton de Châtenois.

D'autres de Mandres de la même maison (1) continuèrent à tenir cette seigneurie jusqu'au commencement du xiv° siècle ; ce sont :

Gérard de Mandres, chevalier, seigneur de Mandres, cité en 1214 dans les titres de l'abbaye de Theuley (2) ;

Horric de Mandres (fils de Wiart), chevalier, seigneur de Mandres en Bassigny, qui fit hommage en 1256 à Thibaut, roi de Navarre, comte de Champagne (3) ;

Guillaume de Mandres, chevalier, et son fils Jean de Mandres, chevalier, seigneur de Mandres, Saint-Julien, Rosières-sur-Mance, etc., qui épousa comtesse de Montureux, enterrée à Gray en 1343 (4).

Mandres-sur-Vair passe ensuite à d'autres familles.

En 1322, Walter de Jallin de Beaumont reprend ligement du duc de Lorraine en accroissement de fief et fait fief de son alleu ce qu'il a à Vouxey, Mandres-aux-deux-tours, Mesnil-sur-Vair, Balleville, Saint-Paul et Gironcourt (5).

Le 11 décembre 1444, Ernequin d'Almes reprend du roi de Sicile la forte maison de Mandres-aux-deux-tours-sous-Châtenois, le bois de Burgonfosse, etc.

En 1456, Georges de Boulach, seigneur de Mandres-aux-deux-tours, reprend du duc de Bar ce qu'il possède à Bleurville.

Le 3 février 1532, Jean de Lignéville donne son dé-

---

(1) Voir le chapitre suivant, que nous consacrons à cette maison qui porta le nom de « Mandres » comme nom patronymique.
(2) B. N. ms., Cab. d'Hozier, vol. 28, v° *Baron* (le).
(3) B. N. ms., Pièces originales, vol. 1826, v° *Mandres*, pièce 5.
(4) Saint-Julien et Rosières-sur-Mance, canton de Vitrey, arr. de Vesoul ; et Montureux, canton d'Autrey, arr. de Gray (Haute-Saône).
(5) Localités du canton de Châtenois.

nombrement au duc de Lorraine pour ce qu'il possède en fief à Mandres-aux-trois-tours.

En 1594, Mandres dépendait de la prévôté de Châtenois, bailliage des Vosges.

En 1710, elle dépendait pour partie de la prévôté de Châtenois, bailliage des Vosges, et pour partie de la prévôté de Bourmont, bailliage du Bassigny.

A cette époque, Mandres avait pour seigneur Claude-Gabriel de Rendenradt, cité de 1737 à 1742 et ordinairement dénommé, ainsi que ses enfants, « de Rendenradt de Mandres », ou même simplement « de Mandres (1) ».

Le 18 mars 1750, une partie du village, y compris l'église, fut détruite par un incendie.

En 1751, Mandres dépendait du bailliage de Bourmont, coutume de Lorraine et du Bassigny, cour souveraine de Nancy.

Le 3 septembre 1783, un nouvel incendie consuma une centaine de maisons, l'église, le presbytère et les deux châteaux de M. de Favaucourt.

L'église fut reconstruite, mais il reste encore le chœur, qui date de 1610, et une chapelle, « la belle croix », qui remonte à 1584.

L'ancien château, proche de l'église, a été restauré et sert maintenant à recevoir la colonie scolaire du XIe arrondissement de Paris (2).

---

(1) B. N. ms., *Archives départementales des Vosges*, t. II, p. 279, v° *Mandres-sur-Vair*. — Voir notre notice « de Rendenradt de Mandres ».

(2) La plupart de ces renseignements sont dus à l'obligeance de M. Voirin, maire de Mandres-sur-Vair.

CHAPITRE II

LA MAISON DE MANDRE

§ 1ᵉʳ. — *Origines et armoiries.*

Cette maison, qui s'appela d'abord « de Mandres », tire son nom de la seigneurie de Mandres-sur-Vair qu'elle possédait, comme on l'a vu, dès le xiiᵉ siècle et qu'elle tint jusqu'au commencement du xivᵉ.

Ce nom, le seul qu'on lui connaisse, est parfois aussi écrit « de Mendres », et devint « de Mandre » au xviᵉ siècle.

La maison de Mandre était de l'ancienne chevalerie de Lorraine et par conséquent noble de nom et d'armes et d'extraction si ancienne que son origine est ensevelie dans l'obscurité des temps (1). Aussi ses membres ont-ils été souvent qualifiés de « honorés, illustres ou hauts et puissants seigneurs ».

---

(1) D. CALLOT, *Héraut d'armes* (ms. Bibl. de Nancy), et D. CALMET, *Histoire de Lorraine*, t. V, Dissert. sur la nobl., ch. vii, col. cclvi, et ch. viii, col. cclxi, et sq. — Les membres des maisons de l'ancienne chevalerie de Lorraine jouissaient de nombreux et considérables privilèges, notamment : celui de siéger aux assises de la province de Nancy ou aux assises et feurs-assises des gentilshommes de la province de Vôge (à Mirecourt), pour y rendre la justice ; et celui de faire entrer dans l'ancienne chevalerie les enfants de leurs filles, à la condition : 1° qu'elles

Cette maison se compose de deux branches principales : l'une que nous appelons *du Bassigny*, parce qu'elle avait ses possessions (1) dans ce bailliage et resta jusqu'à la fin du xviii° siècle dans l'arrondissement de Chaumont ; et l'autre, *branche de Franche-Comté* (2), parce que la principale de ses seigneuries

ne se soient pas mésalliées par un premier mariage, et 2° qu'elles aient épousé un gentilhomme de nom et d'armes qui pût justifier de sa noblesse, sans mésalliance, du côté paternel et du côté maternel, jusqu'à la quatrième génération, y compris la naissance de son trisaïeul et celle de sa femme.

(1) Mandres-sur-Vair ; Montcharvot et Enfonvelle (canton de Bourbonne-les-Bains, arr. de Langres) ; Graffigny, Chemin, Malaincourt, Outremécourt et Chaumont-la-Ville (canton de Bourmont, arr. de Chaumont), etc.

(2) C'est à tort que plusieurs auteurs ont dit (sans d'ailleurs essayer de l'établir) que les de Mandre de Franche-Comté prenaient nom de Mandres-sous-Châtillon (canton d'Étain) ; en effet, comme nous l'avons dit dans le numéro de février 1900 du *Journal de la Société d'Archéologie lorraine*, ces auteurs n'ont, à notre avis, donné cette origine que d'après Husson l'Escossois (*Simple crayon*) et en l'interprétant mal. Husson attribuait Mandres-sous-Châtillon comme origine aux de Mandres qu'il citait, mais non pas à la maison dont il mentionnait les armes *en seconde ligne et sous réserves* (voir notre introduction). — Les de Mandre de Franche-Comté, d'ancienne chevalerie lorraine, étaient, de 1214 à la fin du xiii° siècle, non seulement seigneurs de Mandres en Lorraine, mais encore de diverses localités situées aux environs de Gray et de Vesoul, bien loin d'Étain, mais au contraire peu éloignées des possessions que les descendants de Baudoin, Thierry et Mathieu de Mandres-sur-Vair (de 1204) avaient, pendant le même temps, près de Langres et Bourbonne-les-Bains, concurremment avec leur seigneurie de Mandres en Bassigny. Si l'on remarque que Mandres-sur-Vair, qui était à la fois en Lorraine et en Bassigny, ne commence qu'à partir du xiv° siècle à appartenir à d'autres seigneurs que les « de Mandres », il devient peu admissible que deux familles chevaleresques, portant le seul et même nom de « de Mandres » dès le commencement du xiii° siècle, et établies si près l'une de l'autre,

était celle de Montureux-les-Gray (1), qu'elle acquit au xiiie siècle par le mariage de Jean de Mandres avec comtesse de Montureux, dame du dit lieu et la dernière de son nom (2), et qu'elle conserva jusqu'au xviie siècle.

Elle s'est alliée directement (3), dans ses deux branches, aux plus illustres maisons de la région, notamment : celles de Bauffremont, de Cicon, de Cirey, de Jainville, de Saint-Loup, de Trestondans, de Thuillières de Darnieulles (qui étaient de l'ancienne chevalerie de Lorraine), et celles d'Arguel, d'Arlay, de Berthèleville, de Brunecoffe, de Citey, de Laubespin, de Martinprey, de Montureux, de Moroges, de Nogent, d'Orsans, de Precipiano, de Rye, de Sallives, de Senailly, de Vy, de Xonville, etc.

Les de Mandre ont donc pu facilement fournir les preuves de noblesse nécessaires du côté paternel et du

---

jusqu'au xve siècle, soient différentes et aient, par une coïncidence bizarre, possédé chacune comme principale seigneurie une terre de Mandres différente, que chacune en ait pris le nom dès cette époque, ait conservé cette seigneurie pendant le même siècle entier, et l'ait également quittée à la même époque en gardant ce même nom de « de Mandres » comme nom patronymique avec la même modification en « de Mandre » au xvie siècle dans les deux familles. Ces deux familles sont donc bien deux branches d'une même maison issue de Mandres-sur-Vair.

(1) Montureux, canton d'Autrey, arr. de Gray (Haute-Saône).

(2) B. N. ms., Cab. d'Hozier, vol. 28, V° *Baron* (généalogie des de Mandre de Montureux de 1214 au xviie siècle) ; et Dunod, *Nob. Bourgogne*, v° *Montureux*.

(3) Citons aussi comme alliances indirectes les maisons suivantes d'ancienne chevalerie lorraine : d'Haraucourt, de Choiseul, de Dommartin, de Montarby, de Thuillières, de Seraucourt, d'Aviller, de Rosières, etc.

côté maternel pour leur réception dans les ordres chevaleresques ou religieux (1).

Les armoiries de cette maison sont : *D'or à la fasce d'azur* (2), alias : *D'or à la fasce d'azur à la bordure engrêlée* (3), pour la branche du Bassigny ; et : *D'or à la bande d'azur accompagnée de sept billettes de même, 4 et 3* (4), alias : *D'azur à la bande d'or accompagnée de sept billettes de même, quatre à senestre 3 et 1, et trois à dextre* (5), ou encore *accompagnées de quatre billettes seulement posées 2 à senestre et 2 à dextre* (6),

---

(1) Cinq chevaliers de l'ordre de Malte ou de Saint-Jean-de-Jérusalem, dont deux commandeurs, dix chevaliers de la confrérie de Saint-Georges au comté de Bourgogne, deux abbesses, une chanoinesse, etc.

(2) B. N. ms., Pièces originales, vol. 1826, v° *Mandres*, pièce 7. — Sceaux, Arch. M.-et-M., lay. LA MOTHE, III, n° 41. — LEFEBVRE, *Recherches fam. de Mandres*. — DE LURION, *Nobiliaire de Franche-Comté*. — SUCHAUX, *Galerie héraldo-nobiliaire*. — DE MAGNY, *Nobiliaire universel de France*, vol. 18, v° *Moroges*. — Mais MM. de Lurion et Suchaux citent sous ces armoiries des personnages dont la parenté n'est pas prouvée.

(3) B. N. ms., Collection de Lorraine, vol. 247, pièce 13. *Sceau de Huart de Mandres*.

(4) B. N. ms., Pièces originales, vol. 1826, pp. 2 et 4 (la pièce 4 représente *les billettes quatre à dextre 3 et 1, et trois à senestre, couchées dans le sens de la bande*). — PERRIN DE DOMMARTIN, *Héraut de Lorraine* (dit *trois billettes en chef et quatre en pointe 3 et 1*). — HUSSON, *Simple crayon*. — RIETSTAP, *Armorial général* (indique *la bande côtoyée de sept billettes posées en bande 3 à dextre et 4 à senestre 3 et 1*).

(5) B. N. ms., f. franc., n° 20338. Preuves noblesse Malte, Langres, et n° 20898, f. 55, tombeau. — Pierre tombale dans l'église de Montureux que nous reproduisons. — DE LA CHESNAYE, *Dictionnaire de la Nob.* — DE LOISY, *Saint-Georges*. — DE LURION et SUCHAUX, *Op. cit.* — LOUVAN-GÉLIOT, *Indice armorial*, etc.

(6) B. N. ms., Pièces originales, vol. 1826, p. 3, et Preuve pour Malte.

pour la branche de Franche-Comté (1); l'écu timbré d'un casque grillé, taré en tiers et orné de lambrequins d'or et d'azur, avec deux trompes pour cimier, ou couronne de comte; tenants (2) : deux sauvages, et devise : *Aliquid in minimo*.

(1) Il n'est pas surprenant que deux branches d'une même maison, séparées dès le xiv° siècle, portent des armoiries différentes. Les armoiries, absolument personnelles jusqu'au xi° siècle, ne devinrent généralement fixes dans les familles qu'à la fin du xiii° siècle, et encore subirent de notables variations par les modifications que les cadets y apportaient comme brisures, par exemple : changement des pièces en conservant seulement les émaux, changement de disposition des pièces, changement des émaux, addition de pièces, accroissement ou diminution du nombre des pièces semblables. Il arrivait aussi que l'on adoptât les armoiries de sa mère, ce qui pourrait encore être le cas des de Mandre, seigneurs de Montureux, car la maison de Montureux, éteinte dans celle de Mandre au xiv° siècle, portait : *D'or à la bande d'azur;* les billettes (en nombre et situation variables) auraient été ajoutées comme brisure.

(2) Les casques, ainsi que les cimiers, les lambrequins et les supports, étaient une plus grande marque de noblesse que les armoiries elles-mêmes, et particulièrement les cimiers à trompes et les tenants (c'est-à-dire supports humains) que l'on ne voit accompagner que les armoiries des maisons très anciennes et illustres. D'après certains auteurs, notamment le P. Menestrier, l'origine de ces trompes comme cimier serait due aux tournois, où l'on n'était pas admis sans avoir fait preuve de noblesse, et où les hérauts d'armes, chargés de blasonner à son de trompes chaque gentilhomme qui se présentait, mettaient deux trompes sur son casque lorsqu'il avait déjà pris part plusieurs fois à ces tournois solennels pour montrer qu'il était suffisamment publié et reconnu pour noble. — Quoique l'on trouve les armoiries de la maison de Mandre timbrées de la couronne de comte (notamment B. N. ms., Pièces originales, vol. 1826, pièce 3), ses membres ne portaient ordinairement que le titre de chevalier, qui était autrefois le grade suprême qu'ambitionnait la noblesse; puis, en 1622, Claude-Françoise de Laubespin apporta en mariage la baronnie de Laigle à Antoine de Mandre, seigneur de Vereux.

§ 2. — Les de Mandres

Seigneurs de Mandres-sur-Vair, etc. (1).

I. **Falcon de Mandres**, seigneur de Mandres-sur-Vair, cité en 1180, avec Thierry de Mandres, comme donateurs, dans une bulle du pape Alexandre III confirmative des biens de l'abbaye de Mureau (2). Il était proche parent de :

1° Baudoin de Mandres, chevalier, seigneur de Mandres, mentionné dans une charte du duc Simon II de la fin du xii° siècle (3), et en 1204, avec Thierry et Mathieu, dans une autre charte du duc Simon en faveur du prieuré de Châtenois (4) ;

2° Thierry de Mandres, chevalier, seigneur de Mandres, cité dans la bulle du pape Alexandre en 1180, et dans la charte du duc Simon en 1204 ;

3° Mathieu, qui suit.

II. **Mathieu de Mandres**, chevalier, seigneur de

---

(1) Nous ne pouvons donner, à une époque aussi reculée, qu'une liste chronologique, car les documents ne sont pas assez nombreux pour permettre d'établir une généalogie avec quelque certitude sauf pour quelques personnages; aussi est-il impossible de dire si les seigneurs de Montureux sont la branche aînée ou une cadette.

(2) Mureau, près de Neufchâteau (Vosges). — Nous supposons que Falcon était le père ou l'oncle de Thierry, car il devait être le plus âgé en 1180, ne paraissant plus après cette date.

(3) Arch. M.-et-M., lay., Mandres, n° 28.

(4) D. Calmet, *Histoire de Lorraine*, t. VI, Preuves, col. 38 et 74 à 76. — Châtenois, arr. de Neufchâteau.

Mandres-sur-Vair, cité dans la charte de 1204 du duc Simon, avec Baudoin et Thierry. Il y est mentionné comme donateur au prieuré de Châtenois d'un quartier de terre près Gironcourt (1) et d'un demi-quartier près du prieuré, pour le repos de l'âme de son fils, Wiart, qui suit.

III. **Wiart de Mandres**, mentionné comme fils de Mathieu dans la charte du duc Simon en 1204, et comme père d'Horric dans un hommage fait en 1256 par ce dernier au roi de Navarre. Il avait épousé une demoiselle « de Nogent (2) », qui lui donna Horric, qui suit.

Gérard de Mandres, seigneur de Mandres, cité en 1214 dans les titres de l'abbaye de Teulle (3), transigea avec les abbés et religieux de l'abbaye de Cherlieu au sujet d'un différend touchant leurs prétentions respectives à Rosières, par lettres de 1214 (4). Il paraît être le père de Guillaume, qui suit.

Eustache de Mandres, chevalier, seigneur de Mandres et de Croix, bienfaiteur de l'abbaye de Saint-André-en-Cambrésis, épousa Mathilde de Croix (5). Il par-

(1) Gironcourt, canton de Châtenois, arr. de Neufchâteau.
(2) B. N. ms., Pièces originales, vol. 1826, v° *Mandres*, pièce 5 : *Dnus Orricus de Mandris Gil de Nogento filius Wiardi de Mandris.*
(3) B. N. ms., Cabinet d'Hozier, vol. 28, v° *Baron (le)* f° 640. — Teulle, aujourd'hui Theuley, canton de Dampierre, arr. de Gray.
(4) B. N. ms., D. Villevieille (Arch. Abbaye de Cherlieu). — Rosières-sur-Mance, canton de Vitrey et Cherlieu, arr. de Vesoul.
(5) *Gallia christiana*, vol. III. — Nous croyons Eustache de Mandres de cette famille, quoique rien ne prouve que la terre de Mandres dont il est dit seigneur fût celle de Mandres-sur-Vair, car la seigneurie de Croix ne lui appartenait évidemment que par

tit en avril 1201 pour la Terre-Sainte sous la conduite de Baudoin IX, comte de Flandre et de Hainaut, et mourut dans cette croisade à Constantinople, en 1202, laissant (1) :

1° GILLES, chevalier, seigneur de Mandres, mentionné en 1235 et 1243, qui épousa Alix de Rosimbos, dont il eut un fils religieux à Saint-Vaast ;

2° JEAN, chevalier, seigneur de Croix, auquel remonte la généalogie de la maison de Croix ;

3° WAUTHIER, chanoine en 1251, puis évêque de Tournai, mort en 1261 (2).

RENIER DE MANDRES, chevalier, témoin en des lettres du duc Mathieu II, en 1233 (3).

IV. **Horric de Mandres,** chevalier, seigneur de Mandres en Bassigny, fait hommage à Thibaut, roi de Navarre, comte de Champagne, en 1256 et depuis à d'autres dates (4). Il possédait plusieurs chasses au Mont-de-Charvaut, finage de Dompierre, relevant en fief de la seigneurie d'Ormancey qui fut vendue par Renier de Blonde-Fontaine, chevalier, à l'évêque de Langres au mois de mars 1263 (5).

GUILLAUME DE MANDRES, chevalier, seigneur de Man-

---

sa femme, et il eût été fait mention des fiefs ou du nom de Tremblecourt ou de Noviant, soit pour lui, soit pour ses fils, s'il avait appartenu à la maison de Tremblecourt-Noviant-Mandres.

(1) DE LA CHESNAYE, *Dict. nob.*, v° *de Croix* ; MORERI, t. IV, p. 351 ; DE SAINT-ALLAIS, *Nobiliaire universel de France*, t. XIX.

(2) *Gallia christiana*, vol. III.

(3) Arch. M.-et-M., lay. REMIREMONT, I, n° 26.

(4) B. N. ms., Pièces originales, vol. 1826, pièce 5.

(5) D. VILLEVIEILLE, Cartulaire évêché de Langres. — Montcharvot, canton de Bourbonne-les-Bains, arr. de Langres.

dres et autres lieux, épousa N. de Bauffremont, dont il eut Jean, qui suit (1).

V. **Jean de Mandres**, chevalier, seigneur de Mandres, Marnoz, Aigue-Pierre, Saint-Julien, Rosières-sur-Mance et la Mothe-Saint-Mammès (2), épousa comtesse de Montureux, dame du dit lieu, la dernière de son nom (3), qui fut enterrée aux Cordeliers de Gray, le 1ᵉʳ mars 1313. Il semble bien que ce soit lui qui figure en 1255, avec le comte Thibaut de Bar et d'autres seigneurs parmi les fondateurs de la ville de Suriauville (4).

Joffroy de Mandres, prévôt de Saint-Mihiel, cité en 1320 comme père de Guillaume de Mandres, IIᵉ du nom, qui, à cette date, cède et transporte à Édouard Iᵉʳ, comte de Bar, tout ce qu'il possède à Chaillon (5).

VI. **Huart de Mandres**, chevalier, obtint pardon et rémission de Philippe VI, roi de France, par charte donnée à Méréville, près Saint-Denis, le 21 février 1349 (6), de ce qu'il avait été garant de feu le duc de

(1) B. N. ms., Cabinet d'Hozier.
(2) Marnoz et Aigue-Pierre, canton de Salins, arr. de Poligny (Jura); Saint-Julien, canton de Vitrey, arr. de Vesoul; La Mothe-Saint-Mammès, sans doute près de Fresne-Saint-Mamès, arr. de Gray.
(3) Dunod, *Nob. Bourg.* V° *Montureux*, p. 280.
(4) *Documents sur l'histoire des Vosges*, t. II, p. 171. — Suriauville, aujourd'hui canton de Bulgnéville, faisait partie, en 1790, du canton de Mandres-sur-Vair.
(5) Arch. M.-et-M., lay. Bar, fiefs et dénomb. I, n° 81. — Chaillon, canton de Vigneulles, et Saint-Mihiel, arr. de Commercy (Meuse).
(6) Archives nationales, chartes royales, reg. JJ. 78, f° 32. — Le nom y est écrit : de Mendres.

Bourgogne, frère du roi; cette grâce fut octroyée à la supplication de Jean de Chastenay, chevalier. Il était, en 1364, l'un des seigneurs qui jugèrent le différend qui existait entre Regnault d'Aigremont, chevalier, Jean de La Rochelle, chevalier, et Thomas, son frère, d'une part, et noble damoiseau Jean de Vergy, sire de Fontvent, sénéchal de Bourgogne, qu'ils tenaient prisonnier, d'autre part. Il faisait partie, avec neuf écuyers sous lui, de la compagnie d'hommes d'armes dont Jacques de Vienne, chevalier banneret, seigneur de Longvy, fit montre à Châteauneuf-en-Auxois, le 21 mars 1364 (1). Il est cité également, au terme de la Saint-Remi 1375, dans les comptes de la seigneurie de Jonvelle (2), et le 18 juin de la même année avoue tenir en plein foy et hommage du sire de Joinville, 75 *maignées* (ménages) d'hommes, chefs d'hôtel avec haute, moyenne et basse justice sur iceux à Chevillon (3). Il épousa Anne d'Arguel (4), dont il eut Guillaume, IIIe du nom, *qui est l'auteur de la branche de Franche-Comté que nous rapporterons ci-après;* et peut-être aussi (5) Jean, IIe du nom, qui suivra.

Horric de Mandres, IIe du nom, damoiseau, fait foi et hommage lige à l'évêque de Langres pour tout ce qu'il tient de lui en fief, le 9 décembre 1328 (6).

(1) D. Villevieille (Arch. Champlitte et Chambre des Comptes de Bourgogne).
(2) Arch. Côte-d'Or, B. 4968.
(3) D. Villevieille (Arch. Joinville). — Joinville et Chevillon, arr. de Vassy (Haute-Marne).
(4) Varin, *Généalogies de Bourgogne;* et Dunod : *Nob. Bourg*, Vº d'Arguel. — Ce dernier la nomme Jeanne.
(5) Du Magny, *Collège héraldique,* lui donne pour femme N. de Cirey et pour fils Jean.
(6) D. Villevieille (Cartulaire évêché de Langres).

Ruffin de Mandres, dont la femme se nommait Houdette, fait cession, le 6 août 1333, à Édouard comte de Bar, des gros dîmes de Graffigny, Chemin et Malaincourt (1).

VII. **Hugues de Mandres**, *wouez* d'Anfonville (2), seigneur d'Outremécourt en partie (3), donne procuration à son frère Huard (II° du nom, qui suit) et à Thirryon de Bouzey, Hue de Richardmaignil, etc., le 8 juin 1422 (4). Il prit part, avec le même Huart de Mandres et quarante-cinq autres chevaliers ou écuyers, choisis parmi les plus puissants vassaux du cardinal-duc de Bar, à la réunion qui se tint à Bar-le-Duc, le 31 mai 1416, pour la fondation d'une association (ou ordre de chevalerie) sous le nom de *Compagnie du Lévrier blanc* (5). Il est père ou oncle (en tout cas parent) de

---

(1) Lefebvre, *Rech. fam. de Mandres*. — Graffigny, Chemin et Malaincourt, canton de Bourmont, arr. de Chaumont (Haute-Marne).

(2) Anfonville, aujourd'hui Enfonville, canton de Bourbonne-les-Bains, qui possédait une ancienne abbaye et dépendait du bailliage de Langres. — Le *seigneur voué* avait la charge de protéger les religieux et de faire exécuter la justice.

(3) Outremécourt, canton de Bourmont, arr. de Chaumont. — La qualification de seigneur d'Enfonville et d'Outremécourt, dans la même pièce, avec la mention que Huart est son frère, prouve la parenté des de Mandres, seigneurs d'Outremécourt, Graffigny, etc., avec Horric, I°r du nom, seigneur de Mandres et Montcharvot, et les seigneurs de Mandres-sur-Vair en 1204.

(4) B. N. ms., Collection de Lorraine, vol. 89, pièce 15. — Il ne reste plus que des traces du sceau, mais le parchemin de 1416 qui porte le sceau de Huart nous montre quelles étaient ses armoiries. Le nom est écrit de Mendres en 1422 et de Mandres en 1416.

(5) B. N. ms., Collection de Lorraine, vol. 247, pièce 13. Voir aussi *La Compagnie du Lévrier blanc au duché de Bar*, par P. Boyé,

Gérard de Mandres, II° du nom, *que nous donnerons plus loin comme auteur de la branche du Bassigny.*

Sceau de Huart de Mandres du Bassigny.

Huart de Mandres, II° du nom, était du nombre des gentilshommes qui s'engagèrent par serment, le 5 février 1415, à ne jamais demander aucun dédommagement au duc de Bar pour raison de la prison qu'ils avaient soufferte à la suite de la guerre qu'il avait faite à Charles, duc de Lorraine (1). Il assista avec Hugues de Mandres, son frère, à la première assemblée des chevaliers du Lévrier blanc et scella de son sceau (2) les lettres d'institution de cette compagnie

dans le *Bulletin de la Société d'Archéologie lorraine*, numéros de juin, juillet et août 1903; et D. Calmet, *Histoire de Lorraine*, t. III, col. 598. — Les membres de cette compagnie, formée de l'élite de la noblesse barroise et approuvée par le cardinal-duc, portaient pour insigne un *lévrier blanc* sur le collier duquel était écrit : tout ung.

(1) D. Villevieille (Recueil Dufourni).

(2) B. N. ms., *Collection de Lorraine*, vol. 247, pièce 13. — Ce parchemin fut scellé des sceaux en cire rouge des 47 fondateurs et de celui du duc de Bar; mais la plupart de ces sceaux n'existent plus ou sont en miettes, notamment celui de Hugues de Mandres. On voit encore la majeure partie de celui de Huart (que représente la figure ci-dessus) montrant l'écu couché,

le 31 mai 1416. Il épousa N. de Cirey (1), et était bailli de Bassigny en 1424 (2).

Jean de Mandres, II⁰ du nom, chevalier, qui servait en la compagnie que Jean de Vergy, chevalier, amena à Dijon pour garder le gage de la bataille qui s'y devait faire le 19 septembre 1391, en présence du duc de Bourgogne, entre Othe de Grançon, chevalier, et Raoul de Gruyères, aussi chevalier. Il était du nombre des chevaliers qui allèrent en 1394 à Perrigny, près Lons-le-Saunier, par ordre du duc de Bourgogne, pour de là aller le venger des injures du sire de Beaujeu. Il fut contraint par le parlement de Dôle, le 12 novembre 1403, de payer aux Cordeliers de Dôle une amende de vingt livres (3). Il semble bien que ce soit le même qui, soutenu par Guyot d'Aurain, fit la guerre à Jean de Chauvirey (4) et qui délivra, en qualité de prévôt de Langres, le 1ᵉʳ novembre 1402, aux échevins de Jonvelle, une copie de leurs franchises (5). Il eut de son mariage avec N. de Malarmey de Roussillon (6), Claude, qui suit.

---

chargé d'*une fasce* et timbré d'un casque orné de deux trompes en cimier. Le champ de l'écu est entouré d'une étroite bordure dentelée qui est sans doute une brisure de cadet, Huart étant nommé dans cette pièce après Hugues.

(1) Nous pensons que c'est lui qui épousa une demoiselle de Cirey et non pas Huart, Iᵉʳ du nom, comme le dit du Magny (*Collège héraldique*).

(2) P. Boyé, *La Compagnie du Lévrier blanc,* dans le numéro du *Bulletin de la Société d'Archéologie lorraine* d'août 1903.

(3) D. Villevieille (Chambre des Comptes de Bourgogne).

(4) *Histoire de Jonvelle.*

(5) Arch. Doubs, Chambre des Comptes, J. 6, fol. 22 à 25.

(6) *Histoire de Jonvelle ;* et du Magny, *Collège héraldique.*

Jeannette de Mandres, abbesse de Poussay, morte le 5 avril 1400 (1).

VIII. **Claude de Mandres** épousa Jeanne de Rye, vers 1476, et accompagna Charles le Téméraire dans son expédition contre les Suisses (2).

---

(1) *Gallia christiana,* vol. XIII.

(2) *Histoire de Jonvelle;* et du Magny, *Collège héraldique.* — Ce dernier auteur lui donne pour enfants : 1° Nicolas, seigneur de Montureux ; 2° Jean, seigneur de Vereux ; 3° Guillaume, seigneur du Saint-Sépulcre ; 4° Richard, ce qui est en contradiction avec la généalogie du Cabinet d'Hozier et les preuves pour Malte pour les trois premiers, et, quant à Richard, il ne nous semble pas qu'il y ait eu d'autre de Mandres de ce nom que celui de la branche du Bassigny.

§ 3. — Branche de Franche-Comté (1)

Seigneurs de Montureux, Prantigny, Vereux, etc.

VII. Guillaume de Mandres (fils de Huart), IIIe du nom, chevalier, seigneur de Montureux, Vereux, Prantigny et la Maison-du-Bois (2) ; écuyer d'écurie du duc de Bourgogne, capitaine des villes et châteaux de Tonnerre, Ligny-le-Châtel, Griselles et Châtillon-sur-Seine, cité en juillet 1412, le 10 mai 1413, et les 22 juin et 25 juillet 1414 (3). Il paraît bien vraisemblable que ce soit lui qui est cité en 1404 dans des lettres du duc Robert de Bar pour la moitié de Villette (4). Il épousa, en 1413, Jeanne d'Arguel, fille de

---

(1) La généalogie que nous donnons ici est dressée d'après celle qui existe à la Bibliothèque nationale, Cabinet d'Hozier, vol. 28, v° *Baron*, fol. 640. Nous la complétons et la rectifions en divers points d'après les preuves pour Malte, les épitaphes des tombes que l'on voit encore dans l'église de Montureux, les registres paroissiaux, les archives locales, etc. Quoiqu'elle commence à Gérard de Mandres, en 1214, elle omet un siècle entier entre Jean (Ier du nom) cité en 1313 et Guillaume (IIIe du nom), en 1413.

(2) Localités de l'arrondissement de Gray (Haute-Saône) ; Montureux et Prantigny, canton d'Autrey ; Vereux, canton de Dampierre-sur-Salon ; et la Maison-du-Bois, commune d'Arc, près Gray.

(3) Dom Plancher, *Histoire de Bourgogne*, t. III, pp. 347 et 377, et D. Villevieille (Chambre des Comptes de Bourgogne). — Tonnerre (Yonne) ; Griselles, canton de Laignes, arr. de Châtillon-sur-Seine (Côte-d'Or) ; Ligny-le-Châtel, arr. d'Auxerre (Yonne).

(4) Arch. M.-et-M., lay. Lamarche, n° 55.

Poincard d'Arguel, seigneur de Chenecé, et de Marguerite d'Avillé, qui testa en 1419 (1). De ce mariage vinrent :

1° Antoine, qui suit ;

2° Marguerite, mariée à Bernard de Cléron, chevalier.

VIII. Antoine de Mandres, chevalier, seigneur de Montureux et autres lieux, né en 1419, cité, avec son père, dans un titre du 18 mars 1427 (2), fut présent au traité fait entre le duc de Bourgogne et les habitants de Besançon, le 6 septembre 1452 (3). Il épousa Guillemette de Citey, dont il eut :

1° Anne, mariée à Pierre de Citey, chevalier, en 1529 ;

2° Nicolas, qui suit ;

3° Guillaume, IV° du nom, marié à Chrétienne de Cuigno ou de Cuinghien, qui vivait avec lui en 1532.

IX. Nicolas de Mandre, chevalier, seigneur de Montureux, Vereux et Montarlot (4), épousa : 1° Gérarde d'Arley (5), morte le 28 mars 1529, et 2° Jeanne de

---

(1) D. Villevieille (Arch. Officialité de Besançon). — Dunod, *Nob. Bourg.*, v° d'*Arguel*, p. 127, dit que c'est Huart de Mandres qui épousa Jeanne d'Arguel.

(2) Archives départementales de Besançon.

(3) Dom Plancher, *Histoire de Bourgogne*, t. III, p. 282.

(4) Montarlot, canton de Champlitte, arr. de Gray. — A partir de cette époque, le nom de Mandre est écrit sans *s* finale.

(5) Les Preuves pour Malte qualifient Nicolas chevalier et portent « de Harlay », mais les armoiries gravées sur la tombe de Guillaume, V° du nom, montrent qu'il s'agit de la famille qui porte *d'argent à la fasce de sable*.

Champagney. Il mourut le 28 août 1540 (1), laissant du premier mariage :

1° GUILLAUME, V° du nom, qui continue la ligne des seigneurs de Montureux et Prantigny ;

2° JEAN DE MANDRE, III° du nom, *qui formera une seconde branche, celle des seigneurs de Vereux et Savoyeux que nous rapporterons plus loin.*

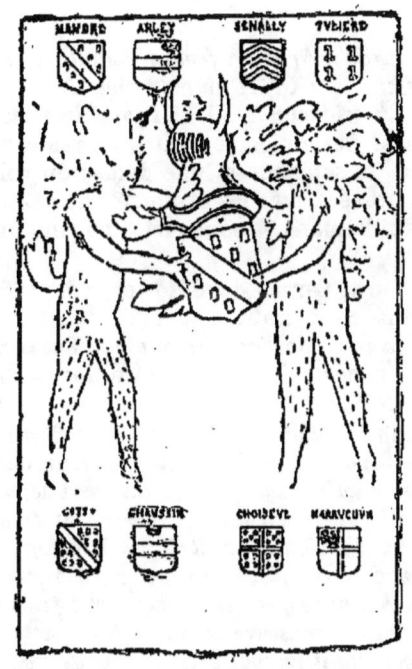

Tombe de Guillaume de Mandre de Montureux.

X. **Guillaume de Mandre**, V° du nom, chevalier, seigneur de Montureux et Prantigny, chevalier du

(1) Son épitaphe, qui existe dans l'église de Montureux-lès-Gray, porte : *Cy dessoubs gisent monsieur Nicolas de Mandre a son vivant escuyer seigneur de Mostureulx Vereulx Montarlot et made-*

Saint-Sépulcre de Jérusalem, épousa, en présence de son frère Jean de Mandre, par contrat du 1ᵉʳ août 1549 (1), Anne de Senailly, fille de Pierre de Senailly, chevalier, baron et seigneur de Rimaucour et de Gurgi, et d'Orceline de Thuillière. Ses principaux actes sont rapportés dans son épitaphe que l'on voit encore dans l'église de Montureux et que nous transcrivons ci-dessous (2). Il fut reçu chevalier de Saint-Georges

moyselle Gérarde d'Arley sa femme lesqiulæ trespassayrent a savoir lad damoysselle le XXVIII jour du mois de mars l'an mil cinq cens XXIX et le dit seigneur le XXVIII jour du mois d'aost l'an mil cinq cens quarante. Cette pierre, dont il ne reste plus qu'une partie, représentait un seigneur et une dame; on voit encore le bas de ces figures gravées avec les armoiries de : Citey, Montormentier, Chaulcin, Vuillauffans, Amoncourt, Rougemont, Ternant et Dompmartin.

(1) B. N. ms., Carrés de d'Hozier, vol. 408, f° 129. — Il est qualifié dans ce contrat : *haut et puissant seigneur, chevalier d'armes de la main de l'empereur et du Saint-Sépulcre de Jérusalem,* etc. La généalogie du Cabinet d'Hozier dit qu'il épousa une demoiselle de Cicon.

(2) Épitaphe : *Cy gist hault et puissant Sʳ messire Guille de Mandre, creé chlr par Charle le quint Empereur des romains et depuis aussi le mesme au voyage qu'il fit au saint sépulchre de Jérusalem. Il suyvait lad maiesté en son couronnement faict l'an 1514 par le pape Clément à Bologne en Italie et à la repousse et grande perte du grand turc en Ongrie. Il a suyvi lad maiesté et Phe roy d'Espaigne son filz en toutes guerres à ses propres frais. Après avoir fortifié le vieil chastel de monstureux il fit ellever cette chapelle en laquelle il fut inhumé estant trespassé le mardy dernier jour d'avril 1560. Icy gist aussi madame Anne de Senailly sa femme qui décéda le mercredy 23 en novembre feste Sainct Clément 1569. Dieu ayt leurs âmes. Amen.* — Sa tombe a été relevée en 1848, lors de la reconstruction de l'église, et on y a retrouvé son épée. Il existe également encore une seconde pierre tombale, qui recouvrait les restes de Guillaume de Mandre et que nous reproduisons ci-dessus, représentant, comme on peut le voir, ses armoiries, l'écu soutenu par deux sauvages, timbré d'un casque grillé, orné de lambrequins et surmonté de deux trompes comme cimier. Au

en 1546 (1), et mourut le 30 avril 1560, laissant :

XI. **Humbert de Mandre,** seigneur de Montureux, reçu chevalier de Saint-Georges en 1569, capitaine gouverneur de Besançon, qui épousa 1° Marie de Martin et 2° Élisabeth d'Orsans, fille de Jean d'Orsans et de Marie d'Astat (2). Il fit le dénombrement de Montureux en 1583 (3), et mourut le 15 février 1585 (4), laissant du second mariage :

1° GUILLAUME, VI° du nom, seigneur de Montureux, reçu chevalier de Malte en 1597, et parrain à Montureux en 1606 ;

2° ANTOINE, II° du nom, qui suit ;

3° PIERRE-FRANÇOIS, seigneur de Montureux, chevalier de Malte, tué par les Turcs au rivage de Zimbres, où la tempête avait jeté les galères de Malte, le 7 avril 1606 (5).

dessus et au dessous, figurent les armoiries des alliances : Mandre, Arley, Senailly, Thuillière, Citey, Chaussin, Choiseul et Haraucour.

(1) BONVALLET, *Armorial de Franche-Comté,* v° Saint-Georges; SUCHAUX, *Galerie héraldo-nobiliaire,* v° Mandre; DE COURCELLES, *Dictionnaire universel de la noblesse,* v° Saint-Georges.

(2) B. N. ms., Preuves de noblesse pour Malte, diocèse de Langres. — DUNOD, *Nob. Bourg.,* v° Orsans, p. 194, écrit ce nom « d'Aischtat ».

(3) B. N. ms., *Résumés d'archives locales,* vol. Haute-Saône, v° Montureux.

(4) Épitaphe : *Cy gi au et puisent Seigneur Humber de Mandre .....au dict Rouset le 15 de febvries 1585.*

(5) DE LA CHESNAYE, *Dict. Nobl.,* v° Mandre; B. N. ms., Pièces originales, vol. 1826, v° Mandre, pièce 3. Cette pièce, qui est une feuille détachée d'un volume intitulé *Martyrologe des Chevaliers de Malte,* représente ses armes gravées avec quatre billettes seulement, surmontées du chef de la religion; l'écu, timbré de la

Jean, *bâtard de Mandre*, marié à Suzanne de Saint-Martin, cités en 1588 dans un dénombrement à Montureux (1).

XII. **Antoine de Mandre**, II° du nom, seigneur de Montureux et Prantigny, reçu chevalier de Saint-Georges en 1613, épousa Jeanne-Baptiste de Cicon, et mourut le 18 octobre 1618, laissant (2) :

1° Ermenfroy, qui suit;

2° Françoise-Claire, baptisée le 20 octobre 1605, citée en 1636;

3° Marguerite, II° du nom, baptisée le 18 décembre 1606, citée en 1618 et 1626;

4° Léonat, baptisé le 14 juin 1612, gouverneur de Besançon en 1658;

5° Jeanne-Hélène, baptisée le 4 août 1614.

XIII. **Ermenfroy de Mandre** (ou Herman-François), seigneur de Montureux, Trestondans et Prantigny, reçu chevalier de Saint-Georges en 1627, capitaine-gouverneur de Besançon; dit « le jeune » pour le distinguer de son cousin Humbert, II° du nom, qu'on appelait « le capitaine de Mandre l'aîné », parce

couronne de comte, est posé sur la croix à huit pointes et entouré d'un chapelet auquel pend la croix de Malte. — Nous n'avons pas trouvé trace qu'il fut qualifié du titre de comte, les titres portés par les membres de cette maison sont ceux de chevalier et de baron. Claude-Françoise de Laubespin apporta en effet en dot la baronnie de Laigle à Antoine de Mandre (III° du nom), seigneur de Vereux, en 1622.

(1) B. N. ms., *Résumés d'archives locales*, vol. Haute-Saône. — Nous ne savons pas de qui il est fils.
(2) Reg. par. Montureux-lès-Gray.

qu'ils exercèrent successivement la même charge de Commissaire général de la cavalerie pendant la guerre de Franche-Comté, où ils se signalèrent par leur courage à défendre cette province contre les troupes françaises et suédoises réunies (1). Il épousa, par contrat du 25 novembre 1621, Hélène de Trestondans, fille de Gabriel, seigneur de Suaucourt, et de Françoise de la Baulme-Saint-Amour. Il affranchit Montureux en 1628, et est cité comme parrain dans des actes de 1606 et 1622 (2).

Il eut de son mariage :

1° GABRIEL, cité comme parrain dans des actes du 25 avril 1627 et du 5 mai 1634, à Montureux ;

2° MARGUERITE-GUY, baptisée le 11 juin 1626 (3) ;

3° HÉLÈNE, II° du nom, baptisée le 14 septembre 1628 (4), mariée en 1644 à Jean de Pina, seigneur de Maillart (5), resta seule héritière des de Mandre de la branche de Montureux, et laissa tous ses biens à sa cousine, Oudette-Bénigne de Mandre, que nous verrons tout à l'heure mariée à Maurice de Malarmey, comte de Roussillon.

---

(1) *Hist. Jonvelle*, notamment pages 219, 233, 236 et 523 à 569.
(2) Reg. par. Montureux.
(3) Cet acte des registres de Montureux porte : « *Margarita Guido filia gen. Domini Ermenfredi de Mandre... patrinus illustrissimus Guido de Mandre Chev. de Hierusalem, matrina vero Domina Margarita de Mandre.* »
(4) Reg. par. Montureux. — Elle y est aussi citée comme marraine dans un acte de 1671.
(5) DE LA CHESNAYE, *Dict. nobl.*, v° Mandre.

Branche des seigneurs de Vereux, Savoyeux, etc.

X. **Jean de Mandre**, III° du nom, chevalier (second fils de Nicolas), seigneur de Montureux, Vereux et la Tour-du-Bois (1), reçu chevalier de Saint-Georges en 1569, épousa, 1° par contrat du 11 février 1540 (2), en présence de Guillaume de Mandre, son frère, Marie de Trestondans, fille de Pierre de Trestondans, seigneur de Précy-le-Petit et de Grandchamp, et de Françoise de Moroges, et 2° Jeanne de Senailly. Il mourut en 1590 (3), laissant :

1° Guillaume, VII° du nom, moine en 1565, élu abbé de Theuley, le 7 août 1591 (4), reçu chevalier de Saint-Georges en 1577, et mort en 1602 (5) ;

2° Claude, II° du nom, qui continue la ligne ;

3° Georges, seigneur de Montureux, reçu chevalier de Malte en 1569, commandeur de Pont-Aubert, présent au contrat de mariage d'Errard du Châtelet et de Lucrèce d'Orsans en 1584 (6) ;

(1) B. N. ms. français, n° 20338. Preuves de noblesse pour Malte, Diocèse de Langres, f°ˢ 163 et 164. Ces preuves fournies par trois de ses fils : Georges, Guy et Nicolas-Africain, établissent que les cinq premiers de ses enfants sont du premier lit. — La Tour-du-Bois est le même lieu que la Maison-du-Bois.

(2) B. N. ms., Carrés de d'Hozier, vol. 408, f°ˢ 128.

(3) Épitaphe à Montureux : *Cy gisent messire Jean de... femme qui trépassarent à scavoir le dict messire Jean de Mandre l'an 1590 et la dicte Marie l'an... Dieu aye leurs âmes. Amen.*

(4) *Gallia christiana*, vol. IV ; et Arch. Haute-Saône, cote H. 405.

(5) B. N. ms., Collection Gaignières, n° 20898, f. 55 (tombeau monumental aux armes de Mandre et de Martin).

(6) D. Calmet, *Maison du Châtelet*, p. 202.

4° Nicolas, II° du nom, dit Africain, reçu chevalier de Malte en 1570 ;

5° Guy, qualifié de « très illustre » dans l'acte de baptême de Marguerite-Guy de Mandre du 11 juin 1626 (1), reçu chevalier de Malte en 1573, commandeur de Sugny, chevalier de Saint-Georges en 1612, présent au contrat de mariage d'Hélène de Mandre en 1609, mort le 20 novembre 1627 (2) ;

6° Élisabeth, mariée 1° à Joffroy de Dunay, chevalier ; 2° à Adrien de Salive, seigneur de Montjustin ; citée veuve de ce dernier, en 1604, dans une procuration (3) ;

7° Ève, mariée à Humbert de Precipiano, baron de Saye (4) ; elle était chanoinesse à Remiremont en 1579, lors de la visite du duc Charles III (5) et en 1596, lorsque Louis de Beauveau, sire de Tremblecourt, vint se réfugier dans cette abbaye avant de se faire tuer en traversant la Moselle à la nage (6) ;

(1) Reg. par. de Montureux.

(2) Épitaphe : *Cy reposent les os de fut Guy de Mandre chevalier de l'ordre de Her... commandeur de Sugny qui trep... le XX novembre MDCXXVII. vivat.....*

(3) *L'Armorial des Pairs de France*, etc., par le Ch^r de Courcelles (v° *Montarby*) mentionne Ève de Salive, fille d'Adrien de Salive et Isabelle de Mandre, mariée en 1613 à Jacques de Montarby.

(4) B. N. ms., Cabinet d'Hozier. — Dunod, *Nob. Bour.*, v° *Precipiano*, p. 286, cite Guillauma de Mandre, mariée à Ambroise de Precipiano, baron de Soie. — De Loisy, *Saint-Georges*, v° *Precipiano*, donne pour lignes paternelles à Prosper-Ambroise de Precipiano, reçu en 1613, Precipiano et Mandre.

(5) D. Calmet, *Maison du Châtelet*, p. 197.

(6) Lefebvre, *Marq. Noviant*. — A. Devoille a publié sous le titre : *Ève de Mandre, chronique du XVI° siècle*, un roman sur la campagne que fit en Franche-Comté Louis de Beauveau qu'il dit parent de cette chanoinesse.

8° François, moine à Theuley, où il était coadjuteur de son frère Guillaume, VII° du nom, abbé, mort le 5 mai 1600 (1).

XI. **Claude de Mandre**, II° du nom, seigneur de Vereux, cité le 25 juin 1585, reçu chevalier de Saint-Georges en 1590, épousa Marguerite de Brunecoffe, qui mourut le 21 juillet 1617 (2), lui laissant :

1° Humbert, II° du nom, qui suit ;

2° Hélène, I°° du nom, mariée, le 3 décembre 1609, à Gabriel de Trestondans (3), en présence de Guy de Mandre, son oncle. Ils sont cités tous les deux en 1613.

XII. **Humbert de Mandre**, II° du nom, seigneur de Vereux, capitaine-gouverneur de Besançon, commissaire général de la cavalerie, dit « le Capitaine de Mandre l'aîné », épousa Marguerite Martin, fille d'André Martin (4), à Gray, par contrat du 25 mai 1591, fut reçu chevalier de Saint-Georges en 1595. Il mourut en août 1636 (5), de la suite des blessures qu'il reçut dans la guerre de Franche-Comté, laissant :

(1) *Gallia christiana*, vol. IV.
(2) Reg. par. et épitaphe à Montureux : *Cy encore reposent les cendres de Claude de Mandre et de damoise... de Brunecoffe sa femme qui trépassarent à scavoir ledict Claude de Mandre l'an 15... et ladicte damoiselle le 21 juillet l'an 1617. Dieu aye leurs âmes. Am...*
(3) De Loisy, *Saint-Georges*, v° *Trestondans*, cite François de Trestondans reçu en 1654.
(4) Il n'y a pas que les familles dont le nom est précédé de la particule « de » qui sont nobles, cette famille Martin portait *une rose au naturel* dans ses armoiries qui figurent sur le tombeau de Guillaume de Mandre, VII° du nom ; voir collection Gaignières, fol. 55 (Bibl. Nat.).
(5) *Hist. Jonvelle*, notamment pages 219, 238 et 439.

1° MARGUERITE, III° du nom, baptisée à Gray le 7 juillet 1599 ;

2° ANTOINE, III° du nom, seigneur de Vereux, puis baron de Laigle, né le 18 juillet 1600, marié en 1622 à Claude-Françoise de Laubespin, dame de Laigle (1), qui lui apporta en dot la baronnie de Laigle. Il mourut en 1626 (2), tué par Montaigu et laissa :

A) HUMBERT-CLAUDE, baron de Laigle (3) et seigneur de Vereux, né le 17 novembre 1622 (4), fit dresser le terrier de Vereux en 1658. Il épousa Claire-Antoinette de Larget, dont il n'eut pas d'enfants, et légua ses biens à Oudette-Bénigne de Mandre, sa cousine, par testament de 1677.

B) CLAUDE, III° du nom, seigneur de Vereux, naquit sans doute en 1623, ou au plus tard, en 1624, puisqu'il est parrain dans un acte du 6 janvier 1631 (5), où il est qualifié : *Dominus Claudius, filius domini Antonii de Mandre de Vereux;*

---

(1) La généalogie du Cabinet d'Hozier dit « Guillaume époux de N. de Laubespin, dame de Laigle. », mais l'acte de baptême de Humbert-Claude existe encore à Gray et le dit « fils de Antoine et Claude-Françoise de Laubespin ».

(2) Épitaphe à Montureux : *Encor icy gist An... de Mandre petit filz dudict... de Mandre qui fut... tué... par Montaigu et mourut le XX... 1626. Dieu aye son a... Amen.*

(3) B. N. ms., Cabinet d'Hozier.

(4) Reg. par. Gray.

(5) Reg. par. Montureux.

il devait être alors âgé d'au moins sept ans ; puis il est mentionné *disparu* dans le testament de son frère et dans la procédure qui eut lieu lorsque tous les biens des de Mandre, dont sa cousine Oudette-Bénigne avait hérité, passèrent entre les mains de la famille de Maurice de Malarmey, comte de Roussillon, mari de celle-ci.

3° Claude-Léonel, qui suit ;

4° Anne, II° du nom, née le 21 octobre 1603 ;

5° Madeleine, née à Gray le 20 octobre 1604, et citée le 12 septembre 1632 à Montureux ;

6° Béatrix-Guy, née à Gray le 22 mars 1606, et citée les 24 septembre 1614, 24 mai 1635 et en 1636 à Montureux ;

7° Claudine, née le 9 décembre 1607.

XIII. **Claude-Léonel de Mandre** (dit Éléonor), seigneur de Vereux, Savoyeux, Autet (1), etc., né à Gray, le 19 août 1602, capitaine-gouverneur de Besançon, épousa Adrienne-Renée de Thomassin, dont il eut seulement trois filles (2) :

1° Oudette-Bénigne, qui suit ;

2° Anne, III° du nom, morte jeune ;

3° Claudine, II° du nom, qui fut d'abord religieuse à

---

(1) Savoyeux et Autet, canton de Dampierre-sur-Salon, arr. de Gray.

(2) B. N. ms., Cabinet d'Hozier.

Châlon, puis mariée en 1681 à Claude de Bernard de Montessus, seigneur de Servignat (1), chevalier de Saint-Louis, et mourut en 1732.

XIV. **Oudette-Bénigne de Mandre**, dite « la belle Odette », épousa, en novembre 1665, Maurice de Malarmey, comte de Roussillon (2). Elle hérita, comme dernière représentante de la branche de Franche-Comté, de tous les biens de sa famille. Nous avons vu, en effet, Hélène de Mandre, II° du nom, seule héritière de la branche de Montureux, tester en sa faveur, de même que Humbert-Claude de Mandre, baron de Laigle, dernier de la branche de Vereux. Tous ces biens, notamment les seigneuries de Vereux, Savoyeux, Trestondans, Prantigny, La Tour-du-Bois et la baronnie de Laigle, tombèrent ainsi entre les mains de la maison de Malarmey de Roussillon (3).

---

(1) Arch. Haute-Saône, B. 2758 et 1362; et de La Chesnaye, *Dict. Nobl.*, v° *Bernard*, p. 991.

(2) Dunod, *Nob. Bourg.*, v° *Montureux*, p. 280 ; et de La Chesnaye, *Dict. Nobl.*, v° *Malarmey*, p. 953.

(3) Le château de Montureux avait été rasé et la seigneurie confisquée par Louis XIV, au profit des Jobelot. — La branche de Franche-Comté est donc bien éteinte, comme le disent notamment Dunod ; de La Chesnaye ; Suchaux : *Galerie héraldo-nobiliaire*, et de Lurion : *Nobiliaire de Franche-Comté*. Cependant les abbés Coudriet et Châtelet, dans l'*Histoire de Jonvelle*, la continuent par un Claude Demandre (qu'ils disent de Mandre) et que nous citons plus loin parmi les personnages du nom de de Mandres dont la parenté n'est pas connue.

§ 4. — Branche du Bassigny

Seigneurs d'Outremécourt, Graffigny, Chaumont-la-Ville, etc.

VIII. **Gérard de Mandres,** IIe du nom, seigneur d'Outremécourt, qui paraît être le fils ou le neveu de Hugues de Mandres, reçoit procuration, le 18 février 1461, de Mathieu de Saint-Loup, son cousin (1). Il semble bien le père de :

1° Didier, qui suit ;

2° Guillaume, IVe du nom, seigneur en partie d'Outremécourt et Chaumont-la-Ville, reçoit en 1498, avec son frère Didier, des lettres de franchise et abonnement pour les habitants d'Outremécourt. Il eut une fille, Philiberte de Mandres, mariée à Jehan Le Craisté. Ils vendirent leur part de seigneuries à Didier de Mandres (2).

IX. **Didier de Mandres,** seigneur d'Outremécourt et de Chaumont-la-Ville, donne, le 25 juillet 1523, son dénombrement pour ce qu'il possède en la sénéchaussée de la Mothe. Son sceau représentant *une fasce* est appendu à ce dénombrement (3). Il reçoit en 1498, avec son frère Guillaume, des lettres de franchise et abonnement pour les habitants d'Outremécourt. Il mourut en 1536, laissant deux fils :

1° Rémy, qui suit ;

---

(1) Lefebvre, *Recherches fam. de Mandres*.
(2) Idem ; et Marchal, *Souvenirs du Bassigny*. — Chaumont-la-Ville, canton de Bourmont.
(3) Arch. M.-et-M., lay. La Mothe, III, n° 41.

2° RICHARD, reçu chevalier de Saint-Georges en 1544 (1), fut tuteur des trois filles de son frère Rémy et donna, en cette qualité, procuration, le 17 mai 1562, pour faire reprise de ce qui leur appartenait à Outremécourt et Chaumont-la-Ville, en la sénéchaussée de La Mothe et Bourmont. Il épousa Claudine de Vy, dont il eut une fille, ÉLISABETH DE MANDRE (2), mariée à Louis de Saint-Loup, fils de Fier-à-bras de Saint-Loup, seigneur de Saint-Julien, et de Marguerite de Seraucourt, avant le 4 mars 1573, date à laquelle Louis de Saint-Loup fait des reprises de tout ce qu'il tient, à cause de sa femme, à Outremécourt, Graffigny et Chaumont-la-Ville. Élisabeth mourut en 1587 et était veuve depuis le mois de juin 1575.

X. **Rémy de Mandres**, seigneur d'Outremécourt, est témoin, le 16 novembre 1541, dans une sentence du bailliage de Saint-Mihiel. Il était déjà mort le 17 mai 1562, laissant de son mariage avec Marguerite de Jainville trois filles mineures qui eurent pour tuteur leur oncle Richard de Mandres et pour curateur Henry de Jainville, seigneur d'Avaugire. Ces trois filles sont (3) :

---

(1) BONVALLET, *Armorial de Franche-Comté*, v° *Saint-Georges*; SUCHAUX, *Galerie héraldo-nobiliaire*, v° *Mandre*; DE COURCELLES, *Dictionnaire universel de la noblesse*, v° *Saint-Georges*. — Cette branche du Bassigny avait encore bien des attaches en Franche-Comté, et nous pensons que c'est le même plutôt qu'un fils de Claude de Mandres cité par du Magny (Collège héraldique).

(2) DUNOD, *Nob. Bourgogne*. — A partir de cette époque, de même que dans la branche de Franche-Comté, le nom de Mandre est ordinairement écrit sans s finale.

(3) LEFEBVRE, *Rech. fam. de Mandres*; et MARCHAL, *Souvenirs du Bassigny*.

1° Antoinette, mariée avant 1562, en premières noces, à Henri de Xonville, et en secondes noces, à Christophe de Bertheleville, seigneur de Fresnoy, qui donne son dénombrement, le 20 décembre 1594, pour Outremécourt, Chaumont-la-Ville, Graffigny et Chemin, avec son beau-frère et sa belle-sœur. Dans les pièces jointes à ce dénombrement sont cités : Gérard de Mandre et son fils Guillaume, qui suivront;

2° Marguerite, qui épousa Claude de Thuillières, baron de Darnieulles et seigneur de Blainville, dont elle était veuve en 1579. Elle figure à cette date parmi les dames de la suite de Mᵐᵉ de Bourbonne, Gabrielle de Bassompierre. Elle fait également son dénombrement en 1594.

3° Madeleine, mariée à Marc de Sallines, seigneur de Bethancourt, qui fait, en 1594, son dénombrement pour tout ce qu'il tient à cause d'elle (1).

Charles de Mandre, seigneur d'Artaize, mentionné dans un acte du 22 avril 1555 (2), enregistré au greffe de Sainte-Menehould, et contenant donation, par Gobert de Vignon, prêtre-curé de Monclin, à l'abbaye de Saint-Berthault-de-Chaumont, d'une pièce de pré tenant à Charles de Mandre.

XI. **Gérard de Mandre**, IIIᵉ du nom, cité le 3 août

---

(1) Les seigneuries d'Outremécourt, Chaumont-la-Ville, Graffigny et Chemin sortent ainsi de la maison de Mandre par les mariages des filles de Rémy et Richard. Il est donc tout expliqué que Gérard et Guillaume de Mandre qui continuent la famille et représentent évidemment une branche cadette, ne possèdent plus qu'une partie de la seigneurie de Chaumont-la-Ville.

(2) B. N. ms., Carrés de d'Hozier, vol. 408, pièce 30. — Artaize, élection de Reims.

1592 dans une requête jointe aux dénombrements faits en 1594, par les filles de Rémy de Mandres. Il était déjà mort à cette date et père de Guillaume, qui suit.

XII. **Guillaume de Mandre**, V° du nom, seigneur en partie de Chaumont-la-Ville, remontre au Duc, par requête du 3 août 1592 (1), qu'il est seigneur haut, moyen et bas justicier dans la seigneurie de Chaumont-la-Ville, de moitié et par indivis avec ledit Duc, et se plaint des agissements des officiers ducaux à l'encontre de ses droits, depuis le trépas de Gérard de Mandre son père, alors qu'il était mineur et absent du pays.

Anne de Mandre, abbesse de Coulonges (diocèse de Langres), abdiqua en 1611 (2).

Anne de Mandre, II° du nom, mariée à Jean de Martinprey, en 1605.

Claude de Mandre, cité, le 15 juin 1601, comme ayant donné dix-sept ans avant, avec Catherine, sa première femme, un calice d'argent et fondé des messes à l'église de Royaumeix (3). Il est probablement grand-père, père ou oncle de :

1° Jean, III° du nom, chanoine de Toul, cité à Andilly en 1665, et qui lègue, par testament du 3 novembre 1686 et codicilles des 8 décembre 1686 et 27 janvier 1687, à son frère Mansuy, à sa sœur Claude et à

---

(1) Arch. M.-et-M., lay. La Mothe, V. n° 65 ; Lefebvre, *Recherches fam. de Mandres*.
(2) *Gallia christiana*, vol. XV.
(3) Reg. par. d'Andilly. — Andilly et Royaumeix, canton de Domèvre, arr. de Toul. — Nous ne pouvons affirmer la parenté de Claude de Mandre avec les de Mandre de Chaumont-la-Ville et Juzennecourt.

son neveu, des biens sis à Brusley et Liverdun (1);

2° MANSUY, cité en 1686;

3° CLAUDE, citée en 1686 et 1687.

XIII. **François de Mandre,** qui possédait des terres à Juzennecourt et Gillancourt (2), épousa Claudine Briel, avec laquelle il vivait encore en 1650, mais il était mort avant 1703. Cette dame fut inhumée, en présence de Laurent de Lecey et de ses enfants, le 30 octobre 1705 (3), âgée de soixante-douze ans. François de Mandre est certainement proche parent et semble bien même être le père de :

1° PIERRE, cité les 28 février 1683 et 7 février 1702, date à laquelle il était déjà décédé, laissant de sa femme Simone Budé, deux enfants (4) :

> A) GEORGES, cité les 3 mai 1682 et 25 octobre 1701, et parrain le 28 février 1683 avec Marguerite de Chambly;
>
> B) FRANÇOISE, mariée à Jean l'Habitant le 7 février 1702, en présence de Jean de Mandre (IV° du nom), son cousin.

2° JACQUES, qui suit;

3° CLAUDINE, mariée vers 1685 à Charles de Moroges,

---

(1) Arch. M.-et-M., liasse G., 1337. — Brusley, arr. de Toul; et Liverdun, canton de Domèvre, arr. de Toul.
(2) Gillancourt, canton de Juzennecourt, arr. de Chaumont.
(3) Reg. par. Juzennecourt.
(4) Reg. par. Gillancourt.

fils de Jean de Moroges et de Marie de Rosières (1), et citée, le 8 janvier 1705 (2), avec Nicole de Mandre et Laurent de Lecey ;

4° Étiennette, enterrée le 19 avril 1732 (3), et au convoi de laquelle assistèrent Jean de Mandre, son neveu, Gaspard de Blaise, etc. ;

5° Joseph, marié le 29 janvier 1704, à Françoise Gauthier, dont il eut un fils François de Mandre, II° du nom, baptisé le 4 décembre 1704 (4), ayant pour marraine Nicole de Mandre.

Valentine de Mandre, citée à Gillancourt le 25 août 1682.

XIV. **Jacques de Mandre**, cité à Gillancourt les 3 mai 1682 et 1ᵉʳ janvier 1706, était mort à cette dernière date. Il avait épousé Élisabeth Paulin de La Villeneuve, qui lui donna également cinq enfants :

1° Anne, III° du nom, citée à Juzennecourt avec Laurent de Lecey, le 23 novembre 1703, et morte à Gillancourt le 9 août 1716 ;

2° Jean, IV° du nom, qui suit ;

3° Jacques, II° du nom, né le 3 mai 1682 (5), eut pour parrain son cousin germain Georges de Mandre ;

4° Françoise, II° du nom, née le 23 septembre 1683 ;

---

(1) De Magny, *Nobiliaire universel de France*, vol. 18, v° Moroges. — Cet ouvrage mentionne que cette dame porte : *D'or à la fasce d'azur*.
(2) Reg. par. Juzennecourt.
(3) Reg. par. Juzennecourt, déposés au greffe de Chaumont.
(4) Reg. par. à Juzennecourt.
(5) Reg. par. Gillancourt.

— 46 —

5° Élisabeth, II° du nom, marraine à Gillancourt, le 1ᵉʳ janvier 1706, de François de Roche.

Pierre de Mandre, II° du nom, cité les 28 février 1736 et 5 février 1743 (1), eut de son mariage avec Reine Gaucher-Hurel, une fille Anne, IV° du nom, née le 15 juillet 1704 et citée le 23 juin 1735.

XV. **Jean de Mandre**, IV° du nom, est témoin à Gillancourt, le 7 février 1702, au mariage de Françoise de Mandre, sa cousine, cité le 19 juin 1732 (2) et assiste le 19 avril de la même année, avec Gaspard de Blaise, au convoi mortuaire de sa tante Étiennette de Mandre. Il épousa Nicole d'Urbain (3) ou Urbin, qui mourut à Juzennecourt le 25 juin 1746 et dont il eut :

1° Nicolas, qui suit ;

2° Marguerite, II° du nom, née le 6 février 1728, à Juzennecourt ;

3° Anne, V° du nom, née le 21 décembre 1732 (4), eut pour parrain François de Blaise.

Nicole de Mandre, déjà majeure le 4 décembre 1704 à Juzennecourt où elle est marraine de François de Mandre (II° du nom), citée également le 8 janvier 1705 avec Claudine de Mandre et Laurent de Lecey, et décédée le 7 octobre 1741 (5).

(1) Reg. par. Juzennecourt.
(2) Reg. par. Juzennecourt, greffe de Chaumont. — Le nom, jusqu'à cette époque, est encore écrit parfois de Mandres, notamment dans ces deux actes de 1732, pour Étiennette le 19 avril et pour Jean le 19 janvier.
(3) Urbain porte : *D'argent à une tête de léopard de sinople au chef d'azur chargé de trois meules de moulin de sable bordées d'or.*
(4) Reg. par. Juzennecourt.
(5) Reg. par. Juzennecourt.

Louis de Mandre, cité à Soncourt (1), le 21 février 1746, et à Vignory les 30 août 1744, 4 juillet et 12 août 1746.

Louise de Mandre, citée le 23 novembre 1732 avec Louise de Blaise, le 23 juin 1735 et le 14 février 1774 (2).

XVI. **Nicolas de Mandre,** né le 6 décembre 1725, à Juzennecourt, épousa à Lamancine (3), le 24 mai 1751, Anne Lallement (4), qui lui donna un fils du même nom que lui.

XVII. **Nicolas de Mandre,** II° du nom, né le 13 février 1752, à Blaisy (5), eut pour parrain Nicolas de La Motte, son oncle, et fut parrain en 1763, à Lamancine, de Nicolas-Hilaire de La Motte, son cousin germain (6). Il épousa Anne Maigrot (7), en présence de

(1) Soncourt, canton de Vignory, arr. de Chaumont.
(2) Reg. par. de Juzennecourt au greffe de Chaumont.
(3) Reg. par. Lamancine, canton de Vignory.
(4) Lallement porte : *D'azur à trois bandes d'or et un chef de sable chargé de trois molettes d'or.*
(5) Blaisy, canton de Juzennecourt.
(6) Nicolas de La Motte (père de Nicolas-Hilaire) avait en effet épousé, le 14 janvier 1748, Marie Lallement, sœur de Anne Lallement et fille de Nicolas Lallement et Thérèse Le Bieuvre. On remarque souvent des altérations de l'orthographe des noms dans les actes d'état civil de cette époque. On trouve, par exemple, au lieu de « de La Motte » ce nom écrit : de Lamote ou de Lamothe ; puis un peu plus tard : Delamotte ou Lamothe, ou bien Demandre au lieu de « de Mandre ». Les principaux des actes erronés concernant la famille de Mandre ont été rectifiés par jugements des tribunaux de Chaumont et de Châtillon-sur-Seine pour y rétablir la véritable orthographe « de Mandre » prouvée par la filiation et par actes authentiques.
(7) Maigrot porte : *Emmanché d'azur et d'argent à trois flanchis de l'un à l'autre.*

Nicolas de La Motte, le 5 février 1770, à Lamancine, et en eut un fils, Nicolas-Hilaire de Mandre, qui suit. Il était maire à Saint-Martin-les-Juzennecourt en 1801.

XVIII. **Nicolas-Hilaire de Mandre**, né à Saint-Martin-les-Juzennecourt, le 7 août 1777, eut pour parrain son cousin, Nicolas-Hilaire de La Motte. Il prit part aux campagnes d'Allemagne et épousa, le 28 février 1809, Charlotte Parent (1), dont il eut à Châtillon-sur-Seine :

1° Albert-Alexis de Mandre, né le 18 décembre 1811 et marié, le 25 octobre 1841 (2), à Marie-Eulalie Rogère-Préban, qui lui donna Marie-Mathilde-Joséphine de Mandre, née à Caen le 31 octobre 1844 ;

2° Joseph-Charles de Mandre, né le 11 février 1813, marié, le 5 février 1839, à Louise-Françoise-Angélique Rolle (3), et mort à Dijon le 6 juin 1874, laissant, avec sa veuve, deux enfants :

    A) Marie-Angélique-Nicole de Mandre, née le 2 mai 1840 à Sainte-Colombe, près Châtillon-sur-Seine ;

    B) Victor-Marie-Auguste de Mandre, né au même endroit, le 2 septembre 1847.

---

(1) État civil Châtillon-sur-Seine (Côte-d'Or). — Parent porte : *D'azur à deux bâtons d'épine écotés et alésés d'or passés en sautoir, accompagnés d'un croissant d'argent en chef, et de trois étoiles d'or, deux en flanc et une en pointe.*

(2) État civil Vimoutiers, arr. d'Argentan (Orne).

(3) État civil Fauverney, canton de Genlis, arr. de Dijon (Côte-d'Or). — Cette dame était cousine germaine d'Armand Rolle, député sous l'Empire, dont la fille épousa le comte Daniel de Froissard de Broissia.

3° Joseph-Charles-Hilaire, qui suit.

XIX. Joseph-Charles-Hilaire de Mandre, né à Châtillon-sur-Seine le 13 juillet 1814. Il était bon poète et savant grammairien et épousa, le 17 juin 1841, en présence d'Albert-Alexis de Mandre, son frère, Élisabeth-Alexandrine Chalette de Mortain, dont il eut deux fils :

1° Abel-Marie-Joseph-Alexandre, qui suit ;

2° Joseph-Marie-Alexandre de Mandre, né à Cherbourg le 3 avril 1846 ; docteur en médecine, marié : 1° le 15 janvier 1878 (1), à Marie Birckel, et 2° le 6 juillet 1899 (2) à Julie-Alphonsine Barbedienne. Il n'eut qu'une fille du premier mariage, Marie-Louise-Joséphine, née le 27 décembre 1878 (3) et mariée à Augustin-René-Armand Picoreau, le 15 février 1898 (4).

XX. Abel-Marie-Joseph-Alexandre de Mandre, né à Cherbourg le 17 mars 1843. Homme de lettres et auteur dramatique, ce qui lui valut les palmes académiques, il se distingua au siège de Paris, pendant la guerre franco-allemande (1870-1871) et est encore actuellement officier de réserve. Il épousa, le 9 mai 1867 (5), Blanche-Marie-Victorine Briqué, fille de Louis-Édouard Briqué ou Briquet (6) et de Marie-Pau-

---

(1) État civil, Paris-XVIII°.
(2) État civil, Paris-XII°.
(3) État civil, Luché-Pringé, canton du Lude, arr. de La Flèche (Sarthe).
(4) État civil, Paris-XVII°.
(5) État civil, Paris-XVII°.
(6) Briquet ou Briqué porte : *D'argent à un chevron d'azur accompagné de trois briques de gueules, deux en chef et une en pointe.*

line de Chavigny. De ce mariage sont nés, à Paris :

1° René-Marie-Édouard de Mandre, né le 20 juin 1868, qui épousa, le 10 octobre 1901 (1), Alphonsine-Louise-Émilie Pitout, en présence du docteur de Mandre, son oncle, et de son frère Émile de Mandre ;

2° Émile-Marie-Albert de Mandre, né le 21 septembre 1869, artiste peintre médaillé.

3° Louise-Eugénie-Maria de Mandre, née le 4 décembre 1871.

(1) État civil, Paris-XVIIe.

CHAPITRE III

FAMILLES QUI ONT PORTÉ LE NOM DE MANDRES

§ Ier. — *Maison de Tremblecourt-Noviant-Mandres.*

Cette maison, dont le nom primitif paraît avoir été « de Tremblecourt », était d'ancienne chevalerie lorraine et portait pour armes : *D'argent à la croix de sable* (1).

Elle possédait la seigneurie de Tremblecourt à titre de franc-alleu et divers fiefs dont les principaux étaient Noviant-aux-Prés et Mandres-aux-quatre-tours ; d'où ces noms différents portés par les uns ou les autres des membres de cette maison suivant la seigneurie qui leur était échue.

Sa généalogie (2) remonte à :

I. **Simon de Chastel,** chevalier, cité décédé en 1278, père de :

1° Simon de Tremblecourt, chevalier, sire de Tremblecourt, cité en 1240 et mort avant 1273, laissant un fils Mathieu de Tremblecourt, chevalier, sire de Tremblé-

---

(1) B. N. Pièces originales, vol. 1826. V° *Mandres*, pièce 6. Et Lefebvre, *Rech. fam. de Mandres.*

(2) Lefebvre, *Marq. Noviant.*

court cité en 1273 et 1280, lequel vend, avec sa femme Béatrix, la terre de Tremblecourt en 1276 et 1277;

2° Renaud de Mandres, chevalier, sire de Mandres, cité en 1240, 1278 et 1288 (1), mort sans postérité avant 1300;

3° Mathieu de Noviant, qui suit.

II. **Mathieu de Noviant**, seigneur de Noviant, puis de Tremblecourt, cité en 1240, racheta Tremblecourt en 1289 comme fief lige du comte de Bar. Il était mort avant 1298, laissant de sa femme nommée Clémence :

1° Jean de Noviant, qui n'eut qu'une fille Jeanne, mariée à Ancillon de Florenges, cités en 1303;

2° Renaud de Noviant, qui suit;

3° Bertrand de Noviant, chevalier, seigneur de Noviant, cité en 1298 et 1315 et mort avant 1324, laissant de sa femme Marguerite une fille unique, Jeanne, IIe du nom, dame de Noviant puis de Tremblecourt, qui épousa Perrin de Haraucourt;

4° Thierry de Noviant, dit Vingt-et-un, chevalier, seigneur de Tremblecourt, cité en 1298 et mort avant 1335. Il avait épousé Marie de Boucq, dame d'Ugny, dont il n'eut pas de postérité, et laissa la seigneurie de Tremblecourt à sa nièce Jeanne, IIe du nom, mariée à Perrin de Haraucourt.

III. **Renaud de Noviant**, IIe du nom, chevalier, *sire de Mandres*, souvent nommé Renaud de Mandres,

---

(1) B. N. ms., D. Villevieille.

cité en 1298, septembre 1317 et le 7 novembre 1329 (1), était mort avant 1335. Il épousa Emengaïl de Séris dont il eut :

1° Mathieu de Mandres, qui suit ;

2° Bertrand de Mandres, seigneur de Mandres en partie, cité en 1335 et 1339 (2) ;

3° Roger de Mandres, seigneur de Mandres en partie, cité en 1339 ;

4° Jean de Mandres, seigneur de Mandres en partie, cité en 1339 ;

5° Isabelle de Mandres, mariée à Édouard de Mercy, écuyer, citée en 1329 et 1332 (3).

IV. **Mathieu de Mandres,** chevalier, seigneur de Mandres, puis de Rouvres, cité en 1330 (4) et 1335. Il échange à Jean d'Aspremont sa part du fief de Mandres contre celui de Rouvres en 1339 (5), mais continue à porter le nom de « de Mandres ». Sa femme se nommait Isabelle. Nous le présumons père (6) de :

---

(1) B. N. ms., D. Villevieille. Et Lefebvre, *Marq. Noviant* et *Rech. fam. de Mandres.*

(2) Lefebvre (*Marq. Noviant*) cite aux Archives de M.-et-M., lay. Apremont II n° 13 deux sceaux, celui de Mathieu et celui de Bertrand, appendus à la lettre de 1335, le second porte la croix chargée d'un lambel de 5 pièces comme brisure.

(3) Arch. M.-et-M., lay. Rosières I n° 89.

(4) B. N. ms., Collection de Lorraine, vol. 146, fol. 30.

(5) B. N. ms., D. Villevieille. Et Lefebvre, *Marq. Noviant* et *Rech. fam. de M.*

(6) Les trois générations qui suivent et qui sont citées par Husson, *Simple crayon*, descendent, en tous cas, de l'un des quatre fils de Renaud II de Mandres. Voyez Lefebvre, *Rech. fam. de M.*

V. **Pieron de Mandres**, marié à Jeannon de Bras, dont il eut :

VI. **Colart de Mandres**, seigneur de Rouvres, cité en 1415 (1). Il épousa Colette d'Ancelrue, qui lui donna :

VII. **Juliane de Mandres**, citée en 1442 (2) et 1444 et mariée (3) : 1° à François des Armoises, sieur d'Affleville, et 2° à Renault Paixel (4), citoyen de Verdun.

---

(1) B. N. ms., Collection de Lorraine, vol. 89, fol. 13.
(2) LEFEBVRE, *Marq. Noviant* (pages 57 et 58, en note), cite la mention suivante en 1442 d'un cahier de la recette d'Etain (Arch. M.-et-M., lay. Etain, n° 37) : « Dame Jullienne de Mandres, citoyenne de Verdun, prend sur les fours, bourgeoisies, gagnages, terrages et moulins de Rouvres, cent livres que M° Jean d'Apremont donna à M° Mathieu de Noviant, chl^{or}, s^r de Mandres, le mercredi avant la Saint-Barthélemy 1339 ». Cette mention établit bien que ces trois dernières générations appartiennent à la maison de Tremblecourt-Noviant.
(3) D. CALMET, *Histoire de Lorraine*, t. V. gén. des Armoises; et HUSSON, *Simple crayon*.
(4) Paixel, maison des plus riches et des plus nobles du Verdunois.

§ 2. — *Maison de Deneuvre de Mandres.*

La maison de Deneuvre portait : *D'azur à la croix d'or cantonnée de vingt billettes du même* (1).

Quoique l'on trouve mentionnés à partir de 1292 plusieurs personnages du nom de de Deneuvre, nous ne commencerons la généalogie de cette famille qu'au xv° siècle.

Gérard de Deneuvre, cité dès 1404, était châtelain-receveur de la seigneurie de Mandres-aux-quatre-tours pour les sires de Blâmont, et donna quittance générale à ses maîtres en 1450. Il se fit aider dans ses fonctions, au moins pendant les dernières années, par son fils, qui suit :

Jean dit **de Mandres**, seigneur de Fontenoy en partie, et, par sa femme, seigneur de Sorcy, Boucq et Pagny ; cité de 1415 à 1448. Il était châtelain-receveur de Mandres-aux-quatre-tours pour les sires de Blâmont et prévôt-receveur de Bouconville pour le duc de Bar et le comte de Nassau. Il était en outre gruyer de Saint-Mihiel, et fonda une chapelle à Mandres en 1443. Il eut de son mariage avec Catherine de Naives :

---

(1) Lefebvre, *Rech. fam. de M.,* indique l'existence, aux Arch. M.-et-M., notamment : lay. Mandres, n° 22, et lay. Apremont, 3ᵉ liasse, n° 10, de plusieurs sceaux de Gérard de Deneuvre et de Jean de Mandres qui établissent la filiation de ces deux personnages. — Voir aussi B. N. ms., Collection de Lorraine, vol. 6, fol. 7.

1° Walburge de Mandres (1), mariée à Jean de Bistroff dit le Chambellan, et à Christophe de Valleroy, bailli de Toul;

2° Catherine de Mandres, mariée à Aubert d'Ourches, veuf de Jeanne de Fontenoy;

3° Nicolle de Mandres, mariée à Claude d'Augy, qui devint seigneur de Sorcy, Boucq et Pagny;

4° Jeanne de Mandres, mariée à Louis Rémy, écuyer (2);

5° Jean de Mandres, chevalier de Saint-Jean-de-Jérusalem, commandeur de Xugney en 1481 (3).

(1) Jean, Catherine et Walburge de Mandres sont mentionnés aux Pièces originales (B. N. ms.), p. 2, comme originaires de Mandres près Pont-à-Mousson, mais avec des armes erronées.
(2) Extrait par M. Henri Lefebvre des Arch. M.-et-M., lay. Saint-Mihiel, I, n° 128.
(3) Nous n'avons pas trouvé trace que cette famille se soit continuée, cependant la famille Rozat de Mandres, qui a pris ce nom d'une demoiselle Marie-Thérèse de Mandres mariée au général Rozat en 1808, porte des armoiries qui ressemblent à celles de Deneuvre. Voir le paragraphe Rozat de Mandres.

§ 3. — *Famille de Rendenradt de Mandres.*

La famille de Rendenradt, originaire des Flandres et du pays de Gueldres, portait : *Échiqueté d'or et de gueules* (1).

Voici la généalogie que contient le nouveau d'Hozier :

I. **Henri de Rendenradt,** marié à Catherine Schats de Grœsdonck ;

II. **Corneil de Rendenradt,** marié à Alcyde de Kerckhoden, et cité le 27 novembre 1628 ;

III. **Georges-Henri de Rendenradt,** né le 11 octobre 1641, épousé Joachime de Lespine ;

IV. **Claude-Gabriel de Rendenradt** DIT **de Mandres,** seigneur de Mandres-sur-Vair et autres lieux, né le 6 mars 1716, chevalier de Saint-Louis, capitaine de cavalerie. Il épousa, en premières noces, Anne-Françoise de Rodoan, morte en 1737, et en deuxièmes noces, Élisabeth-Nicolle d'Hablainville, avant 1739. On le trouve souvent nommé « de Rendenradt de Mandres » ou même simplement « de Mandres (2) ». Il eut du second mariage :

---

(1) B. N. ms., Nouveau d'Hozier, vol. 282, v° *Rendenradt*, — Preuves fournies pour Saint-Cyr pour Françoise-Louise-Charlotte. Deux lettres accompagnent cette généalogie, desquelles il résulte que ces preuves ne sont pas acceptées faute de titres authentiques.

(2) B. N. ms., *Archives départementales des Vosges*, t. II, p. 279, v° *Mandres-sur-Vair.*

1° Jean-François-Gabriel de Mandres, né le 21 septembre 1739 ;

2° Françoise-Louise-Charlotte de Rendenradt de Mandres, née le 11 octobre 1740 ;

3° Pierre-François de Mandres, né le 1er janvier 1742.

§ 4. — *Famille Rozat de Mandres.*

La famille Rozat a pris le nom de « de Mandres » sous le premier Empire, époque à laquelle le général Nicolas-Félix Rozat, qui épousa, le 8 février 1808, Marie-Thérèse de Mandres (1), veuve de Pierre-François Levasseur de Vaucourt, fut fait chevalier par Napoléon Ier et ajouta à son nom celui de sa femme, en prenant pour armes : *D'azur à la croix d'or cantonnée de quinze billettes de même posées en sautoir aux trois premiers cantons et de trois étoiles d'argent, 2 et 1, au quatrième canton ; et à une bordure de gueules du tiers de l'écu chargée au 2 du chef du signe des chevaliers légionnaires* (2).

Ses descendants, depuis cette époque, portent le nom de « Rozat de Mandres », et le chef de la famille porte le titre de chevalier.

---

(1) Nous ne savons à quelle famille appartient cette dame.
(2) Ces armoiries ressemblent bien à celles de Jean de Deneuvre de Mandres, modifiées par une ou plutôt deux brisures. Il y aurait donc lieu de supposer que Marie-Thérèse de Mandres fut de cette famille qui se serait continuée. Voir notre paragraphe 2 (de Deneuvre).

§ 5. — *Personnages du nom de « de Mandres »
dont la parenté n'est pas connue.*

I. Marguerite de Mandres, veuve de Jean de Villers, citée en 1332 dans des reprises pour Moranville et Châtillon (1).

II. Isabelle de Mandres, mariée, le 25 février 1548, à Henry de Riencourt, seigneur de Parfondru, avec lequel elle est encore citée le 24 août 1554 (2).

III. Jean de Mandre, dit *Petityeux*, cité à Metz, le 16 janvier 1597, comme père de Nathaniel de Mandre (de la religion prétendue réformée) qui épouse, à cette date, Marie de Heu (ou de Hu), fille de feu Michel de Heu (ou de Hu) (3).

IV. Claude Demandre, dit *de Mandre*, vivant à Amance (4), où il est cité avec sa femme Catherine Vocard à partir du 21 janvier 1659, et mort à Baulay (5)

---

(1) Arch. M.-et-M., lay. Étain, n° 28. — Cette dame ne paraît pas appartenir à la maison de Tremblecourt-Noviant qui était encore à Mandres-aux-quatre-tours à cette époque. — Moranville et Châtillon, canton d'Étain, arr. de Verdun.
(2) D'Hozier, *Armorial*, v° *Riencourt*.
(3) Abbé Poirier, *Documents généalogiques d'après les registres des paroisses de Metz*. Paris, 1899. — La famille de Heu habitait Metz ; on peut citer en 1547 le décès à Metz de Nicolas de Heu, chevalier, fils de Nicole de Heu, chevalier, et de Marguerite de Brandebourg. Ce Jean de Mandre pourrait être *à la rigueur* le même que Jean *bâtard de Mandre* cité en 1588 à Montureux. Voir au chap. II, § 3, branche de Franche-Comté.
(4) Amance, arr. de Vesoul (Haute-Saône).
(5) Baulay, canton d'Amance.

le 4 septembre 1690, âgé de soixante-deux ans, laissant une nombreuse descendance à Amance et à Baulay (1). Il était donc né en 1628, d'après son acte de décès.

V. Claude-Simon de Mandres, curé de Donneley (Lorraine), auteur d'un traité de mécanique, est cité en 1790 et 1791 dans des rapports présentés à l'Assemblée nationale au sujet d'une découverte qu'il avait faite (2).

VI. Marie-Thérèse de Mandres, mariée d'abord à

(1) Tous les actes que nous avons trouvés concernant Claude Demandre et sa descendance, notamment cinquante-huit à Amance et Baulay de 1659 à 1743, portent ce nom écrit Demandre ou Demendre. Il est cependant cité sous le nom de « de Mandre » par l'*Histoire de Jonvelle*, dont les auteurs continuent par lui la branche des de Mandre de Franche-Comté paraissant le confondre avec Claude de Mandre (III*e* du nom, fils d'Antoine de Mandre, seigneur de Vereux) cité en 1631 à Montureux et dont on ignore la destinée. Nous ne croyons pas qu'il y ait identité, car il faudrait admettre que l'âge indiqué dans l'acte de décès de Claude Demandre en 1690 est faux d'environ quatre ans et que Claude de Mandre a renoncé à la noblesse et à l'héritage considérable de sa famille. D'ailleurs MM. Suchaux (*Galerie héraldo-nobiliaire*) et De Lurion (*Nobiliaire de Franche-Comté*), qui parlent aussi de ce Claude Demandre ou de Mandre, d'Amance (en citant l'*Histoire de Jonvelle*), n'admettent pas non plus cette descendance, déclarent la branche de Franche-Comté éteinte, et que ce Claude est d'une famille de Mandre différente, qui porte *d'or à la fasce d'azur*. Cela le rattacherait à la branche du Bassigny, mais il faudrait encore l'établir, ce qui n'a pas été fait.

(2) *Ouvrages de l'abbé de Mandres* à la Bibl. Nat. — Suchaux, dans sa *Galerie héraldo-nobiliaire*, lui donne pour prénoms Claude-François et pour armoiries *d'or à la fasce d'azur*, et dans son *Dictionnaire des communes de la Haute-Saône*, v° *Amance*, le nomme Claude-Joseph Demandre. L'*Histoire de Jonvelle* le dit Claude-Simon de Mandre, né à Amance le 15 mars 1727 (cet acte porte Demandre) et descendant des de Mandre de Montureux ar Claude de Mandre vivant à Amance en 1659.

Pierre-François Levasseur de Vaucourt et le 8 février 1808 au général Nicolas-Félix Rozat, auteur de la famille *Rozat de Mandres* (1).

---

(1) LEFEBVRE, *Rech. fam. de Mandres*; et GEORGEL, *Armorial*, qui dit cette dame dernière représentante des de Mandres, d'Amance et de Donneley. — Voir nos articles *Rozat de Mandres* et *de Deneuvre de Mandres*.

TABLE

INTRODUCTION
Étymologie du mot Mandre. I
Abréviations des sources citées. V

CHAPITRE PREMIER
Localités du nom de Mandre ou Mandres. 1

CHAPITRE II
La maison de Mandre. 13
Armoiries. 16
Généalogie. 18
Branche de Franche-Comté, seigneurs de Montureux. . . 27
Les seigneurs de Vereux 34
Branche du Bassigny. 40

CHAPITRE III
Familles qui ont porté le nom de Mandres
De Tremblecourt-Noviant-Mandres. 51
De Deneuvre de Mandres. 55
De Rendenradt de Mandres. 57
Rozat de Mandres. 59
Personnages divers. 60

FIGURES
Sceau de Huart de Mandres du Bassigny. 24
Tombe de Guillaume de Mandre de Montureux. 29

La Chapelle-Montligeon (Orne). — Imp. de Montligeon.

www.ingramcontent.com/pod-product-compliance
Lightning Source LLC
LaVergne TN
LVHW051510090426
835512LV00010B/2447